旅游高峰论坛文库

吕志辉　徐杰舜/主编

导游的无奈与无奈的导游

罗娟 ◎ 著

中国出版集团

世界图书出版公司

广州·上海·西安·北京

图书在版编目（ＣＩＰ）数据

导游的无奈与无奈的导游 / 罗娟著.－－广州 ：世界
图书出版广东有限公司，2015.10（2025.1重印）

ISBN 978-7-5192-0411-2

Ⅰ．①导… Ⅱ．①罗… Ⅲ．①导游-研究-中国
Ⅳ．①F592.6

中国版本图书馆 CIP 数据核字(2015)第 253622 号

导游的无奈与无奈的导游

策划编辑　杨力军
责任编辑　钟加萍
封面设计　高艳秋
投稿邮箱　stxscb@163.com
出版发行　世界图书出版广东有限公司
地　　址　广州市新港西路大江冲25号
电　　话　020-84459702
印　　刷　悦读天下（山东）印务有限公司
规　　格　787mm×1092mm　1/16
印　　张　13.5
字　　数　270 千
版　　次　2015 年 10 月 第 1 版　　2025 年 1 月第 2 次印刷
ISBN　978-7-5192-0411-2/C·0058
定　　价　58.00 元

序

在电脑屏幕上读着罗娟的《导游的无奈与无奈的导游》,脑海中不断地浮现出这几天电视新闻中关于昆明导游骂游客事件。据报道,涉事导游系"昆明思远导游服务公司"导游陈某某,现拟吊销其导游证,责令旅行社停业整顿,并对旅行社负责人罚款2万元。此前经游客举报,2015年4月20日,旅行社已向部分游客道歉并每人赔偿500元。同时,将该涉事导游及旅行社记入诚信档案,向社会公布。据《昆明日报》记者采访当事人的报道《"云南女导游嫌购物少大骂游客"追踪》:

在联系涉事旅行社未果后,记者几经周折最终于昨日下午4时,在圆通山附近的某大楼见到了她。眼前的她明显比视频中要消瘦许多,交流时,不知是职业习惯还是情绪激动,陈姓导游的语速比较快,面对记者的提问,大多没有回避,不过在某些比较敏感的话题时,她还是不愿多谈,并很快转移话题。

"如果客人不买东西,我就没收入"

陈姓导游回忆,她4月9日接到这个昆明、大理、丽江、西双版纳游的低价团,合同上签的就是"旅游购物团"。具体行程是首站从昆明直达石林,当晚留宿石林,第二站是大理到丽江,第三天从丽江返回昆明,在昆明安排的是世博园一日游,之后再去西双版纳。

"导游接每个旅游团时都有对行程单这一环节,在和游客对行程单时,就直接询问过大家知道这个购物团吗?所有游客都表示知道。"陈姓导游强调,游客第一天就知道自己进世博园是要进行购物消费的。

既然游客参加的是购物团,就应该履行合同上的义务,进行购物消费,怎么还会发生这样的事呢?陈姓导游坦言,自己挂靠在旅游公司,临时出团,没有底薪,工资全体现在购物和自费活动佣金(回扣)上。"说得再直白些,如果客人不买东西,我就没收入。"

关于网传的一元入团,她不愿多谈,一再强调自己就是按行程带团,至于具体交了多少入团费,那是游客和旅行社达成的协议,自己并不清楚。

"不买东西,回去投诉就有赔偿?"

从第一个展馆出来后,就有两组客人什么都没买,上车之前有旅客询问她"是不是不买东西,回去投诉就有赔偿?"上车后的陈姓导游就比较激动,询问为什么有客人说自己强制购物的话,然后,就有四个游客站起来指责自己黑心,并说了一些难听的话。

听到这些话,陈姓导游再也忍不住了,于是就有了网上那段广为流传的话。"导游接这种团也是有压力的。我带了四五天的行程,最后还要被指鼻子骂,谁愿意?说那段话之前已经有了情绪,视频展示的只是一部分,并且自己并没有强迫、胁迫旅客购物。"她激动地说。

陈姓导游说,录制视频时间为 4 月 12 日,此前经游客举报,4 月 20 日旅行社已向部分游客道歉并每人赔偿 500 元,按照游客的要求还电话向他们道歉,客人当时已经接受她的道歉了,并表示不再追究,可 5 月 1 日下午,视频还是被传到网上。

"行程中已为游客垫付一万多费用"

事实上,2013 年 10 月 1 日起实施的新《旅游法》就明令禁止"零负团费",但陈姓导游承认,除了吃饭签单外,自己也垫付了部分费用,金额大概为 1 万多元。

陈姓导游解释:"旅行社有些费用不能及时给我们,又着急接客人,临时改变住宿或是一些不可预见的情况,旅行社不可能提前给我们预付款,这时就需要导游自掏腰包进行垫付。"在没有赚到钱的前提下,就需要先拿出 1 万多元,背上了沉重的还债包袱,自然轻松不了。导游接到一个旅游团后,如果游客的整体消费能够填补前期费用,而且有结余,导游的压力相对来说会好些,如果游客花费少,导游自然难以轻松。

"负团费到如此地步的团队,为何要接?"对于网上疯传的青海某旅行社老总对昆明导游事件的评论,陈姓导游也有自己的苦衷,她直言不接怎么生活?

她接着说,旅行社今天派个团,导游不接,明天再派个团,还是不接,那么永远都不会接到派团电话了。

"希望有个渠道能听我说说话"

陈姓导游接着说,"现在就希望有个渠道听我说说话,网络不要再大肆炒作,事件就此得到平息。"

"看到视频,我就没有合过眼,轻生的念头都有过。"她说,自己接触和跨入这个行业近十年了,现在再多不舍,也要和这个行业彻底告别了,关于未来,没什么打算,只觉得现在好累①。

这个最新的案例使我深深地感到,当时罗娟做导游的田野考察真是太对了!

2004 年,我提出人类学是"千手观音"②的观点后,2008 年进入桂林金钟山做旅游研究课题,开始思考人类学与旅游牵手的问题。为此专门写了一篇《人类学与旅游牵手的学理分析》③:

在全球化的浪潮中,人文社会科学的人类学转向已成普遍现象,旅游也不例外。为什么一个应用性极强的学科也要与人类学牵手,旅游人类学会应运而生呢? 这是有深厚学理底蕴的。

众所周知,旅游业是一个综合性产业,把行、住、吃、游、购、娱各个环节连为一体,提供"一条龙"服务,通过产业关联带动、吸纳就业等功能,推动和刺激着经济增长和社会进步;旅游业是服务性行业,以直面服务、产销合一为主要行业特性。所以,成亿的人被卷入了旅游移动的世界性潮流中,旅游在快速发展成为一个重要的产业之时,无论从哪一个方面都碰到了与人的关系问题。

首先,是如何面对各色各样的游客。有国内游客、国外游客;有男性游客、女性游客;有老年游客、青年游客、儿童游客;有大众游客、高端游客等类型。对不同的游客如何区别对待是所有旅行社、景区、酒店宾馆和导游都不可回避的问题。过去一哄而上,眉毛胡子一把抓的方式早已与旅游的发展不相适应了!

其次,导游队伍是旅游业的基本力量,导游大部分是"三无人员",即无薪水、无固定工作单位、无保险。导游从业人员的收入依靠游客、购物回扣和小费,根本没有保障。他们正常的经济要求得不到满足,但他们又是与游客最直接发生关系的旅游从业人员。这是旅游业的一个顽疾。所以,如何管理导游队伍一直是旅游行业中最棘手的问题。近几年屡屡发生的导游与游客的矛盾、纠纷,甚至冲突,都

---

① 李思娴:《云南女导游辱骂游客追踪 回应:游客都知道这是购物团》,《昆明日报》2015 年 5 月 6 日。
② 徐杰舜主编:《一方水土养一方人》(人类学·千手观音书系),哈尔滨:黑龙江人民出版社,2004 年版。
③ 徐杰舜:《人类学与旅游牵手的学理分析》,《旅游学刊》2012 年第 11 期。

说明导游不仅有管理问题，更有生存问题。这是发展旅游的一个大难题。

再次，是酒店宾馆行业，这是旅游业中十分重要的一个部分。游客住得怎样、吃得怎样对游客的旅行来说是非常重要的。而在当下，酒店宾馆如何满足不同国籍、不同层次、不同要求游客的需要也绝对不是一个简单的问题！而且面对正在崛起的农家乐、乡村客栈，传统的酒店宾馆也绝不可等闲视之！

还有旅行社，这个在旅游产业体系中扮演直接供应商、旅游中间商和旅游目的地接待服务角色的龙头"大佬"，如何在自己的中心位置联络好与旅游有关的方方面面也不是一件轻松的事，其中各方利益的博弈和协调、行业之间的竞争、外国同行的强势进入，都不是轻易可以完全平衡的事。如果用低价甚至零团费忽悠游客，那只能是杀鸡取卵，"自毁长城"！

最后，现在景区林立，有自然的风光，也有人造的景观。而所有的景区不仅要面对千千万万的游客，还要面对景区移民或景区内村庄社区的居民，于是在旅游高速发展扩张的同时，景区与当地的关系就凸显出来了。这是令许多景区最感头痛的问题。

旅游行业在高速发展中，本来就没有什么理论基础，其本身的理论体系也尚处在构建之中，甚至搞不清楚谁是自己理论的"母亲"，所以，旅游学的最初构建跑到地理学科中去了。这样一个新兴的产业要寻找理论"母亲"，是可以理解的，进入地理学科虽未尝不可，但基本出发点是从景观出发，而不是从人出发，这就难怪旅游越发展碰到的问题越多，面临的困难也越多，理论上就越力不从心！

怎么办？

从根本上来说，旅游业要持续发展，要成为名副其实的"第一产业"，必须构建以人为本的理论体系。建构理论的方式大致有两条路线：一条是传统意义上的路线，即自上而下的建构路线，是指从现有的、被有关学科领域认可的概念、命题或理论体系出发，通过分析对其进行逻辑论证，然后在证实或证伪的基础上进行部分的创新。如果没有现成的理论可供借鉴，研究者通常根据逻辑分析或前人的研究自己预先构建一个理论，然后将其运用到对当下研究的对象的分析之中。另一条是质的研究中的理论建构路线，即自下而上的建构路线，也就是从原始资料出发，通过归纳分析逐步产生理论①。

---

① 陈向明：《质的研究方法与社会科学研究》，北京：教育科学出版社，2000年版，第324—325页。

　　而人类学恰恰是一门专门研究人和人的一切行为方式的学科,经过近两百年的发展,其本身已具有一套完整的理论体系,有成熟的方法论,有许多成功的研究个案,有一批学术经典,完全可以为旅游学的构建提供系统而全面的理论支撑和方法指导,这是其他任何一门学科所不可相比的。这就是旅游与人类学牵手的学理基础。

　　有了这个基础,于是,旅游研究者向人类学伸出了手,关注亿万人热衷于旅游的人类学者也向旅游伸出了手。

　　正是基于这样的认识,所以我才清楚地明白我正在审读的罗娟的书稿,是迄今为止中国第一部关于导游研究的人类学著作[①],意义非凡,价值甚重。

　　罗娟是一个勤奋而快乐的女生。

　　2010 年 11 月,刚入学不久攻读硕士学位的罗娟参加了首届旅游高峰论坛,主持会议的我想给她一个锻炼的机会,在讨论时点名让她发言。没想到平时快乐、开朗的罗娟站起来时,满脸涨得通红,发言结结巴巴,表情紧张而稚嫩。

　　2011 年 7 月,研一结束后,开始做田野调查了。罗娟一头扎到湖南怀化洪江市龙船塘瑶族乡,进行了 45 天的考察,写出了十几万字的民族志报告。我读后认为还比较单薄,建议她寒假再去进行补充调查。罗娟二话没说,一放假就带着行李二进龙船塘瑶族乡,一待又是近 30 天,最后写成了 20 余万字的《龙船瑶族》。

　　有个性的罗娟虽然到湖南做了田野考察,本可顺势撰写硕士论文,完成学业,但她却对自己提出了新的挑战,选择了大理的导游做硕士论文,又单身一人于 2012 年 5 至 7 月到大理,做了 40 多天田野考察;2013 年 5 月再次进入大理补充考察了十几天,最终不仅完成了硕士论文的撰写和答辩,同时又完成了 16 万字的专著《导游的无奈与无奈的导游》。

　　《导游的无奈与无奈的导游》这部书是旅游人类学第一部研究中国导游的著作。罗娟在十数次跟团的考察中,采用人类学参与式观察法,结合个人口述史的方法,以大理导游 H 为研究对象,以参与者和体验者的角色充分感知;以调查者、报道者的身份详尽地调研与记录,通过对导游维持个人生存的日

[①] 关于导游的旅游人类学研的论文有杨丽娟:《导游:旅游人类学的缺场》,《思想战线》2011 年第 5 期。其他有关导游的论文详见胡婷婷:《导游研究综述》,《时代人物》2008 年第 8 期。

常抗争行为的考察,描述导游的生存现状。记录和分析导游在恶劣的生存空间中所进行的隐蔽式抗争行为。真实而理性地呈现了导游生存状态的无奈,而由于制度的制约和传统的惯性,又铸成了无奈的导游。所以"几乎百分之九十以上的大众及游客普遍认为:'当游客已支付团费,导游便应提供优质服务'。导游群体如何看待这一观点?经调查,作者得出以下分析:导游认为自己在没有任何薪酬情况下劳累奔波,当游客没有一点回报表示时,便会产生极大的心理失落;当游客再有不恰当的言行刺激到导游时,导游便可能发生行为失控。作者认为,对导游服务的不同认知是造成游客与导游关系紧张、造就'疯狂'导游的根源。""这是一次经济交易——游客眼中的导游服务"与"这是一场社会交换——导游眼中的导游服务"观点呈现之后,罗娟的结论也很实际,她说:

"无奈的导游隐蔽式抗争行为终究是上不了台面,导游在进行着这些抗争行为的同时也饱含着内疚与自责。若要改变现状,还导游一个健康的生存环境,还需政府、旅行社、大众媒体、导游群体等共同努力,从法律、政策、制度等多方面入手。但这终究不是一蹴而就的事情。所以对于当下的导游们来说,既然现状无力改变,她们只能继续无奈地前行。"

看到这里,我突然想到,时间过得真快,转眼间,罗娟已毕业了,2013年她以优异的成绩被广西崇左市委组织部招录为引进人才,进入崇左市旅游局工作,后来又到北京打拼,丑小鸭变成了白天鹅!

徐杰舜
2015 年 5 月 7 日
于悉尼贝克汉姆山

前　言

　　导游作为一个国家与地区的代表迎接来自全世界各地的旅游者,她们以其广博的知识、精湛的导游技巧、热情的导游服务为数以亿计的游客提供美好的旅游享受,她们作为旅游从业人员队伍中的一员,一直是我国旅游业发展重要的实践者和积极的推动者,为满足人们日益增长的旅游需求做出了积极的贡献。在中国旅游发展初期,导游一直是作为"民间形象大使"受人景仰,但是随着近年旅游的不规范运行,人们纷纷将矛头指向导游,指责导游的素质太差,导游在大众媒体、影视作品、公众眼中成了"欺客""宰客"的代名词。人们给导游扣上各种帽子:"导游对自身应尽的义务视而不见""一切向钱看""勾结旅游商店、联合旅游景点一起欺骗游客"等,导游俨然成了"一群只懂得骗钱的黑心人"。

　　究其原因,这与不规范的旅游制度、混乱的旅游市场息息相关。旅行社产品同质化严重,出行价格成为决定游客进行消费选择的决定性因素,中国消费者消费心理及行为不成熟等因素加剧了旅行社之间利用价格比拼进行的恶性竞争。由于国内游客尚未形成"接受优质服务应该付给小费"的观念,我国导游的生存只能依赖于游客的消费回扣,成为人人嗤之以鼻的"导购"。媒体的舆论宣传更是在游客心目中树立了一个"导游不可信任"的形象。面对损害旅游者、导游等合法利益这一市场现象,如果旅游管理部门能够及时拿出强有力的措施进行监管,这一局面或许可以得到控制,但是由于地方主义的庇护、导游管理体制方面等原因,旅游管理部门缺乏有效的措施,使得这种不正之风迅速蔓延开来。

　　混乱的旅游市场"造就"了疯狂的导游,比如丽江砍人男导游、大理嫌贫爱富女导游等。面对不健全的旅游制度、不规范的旅游市场、不恰当的社会舆论,除了极个别导游采取了较为极端的方式进行直接的、正面的反抗之外,大多数导游是保持 "沉默的"(光是云南省正在接团带团的导游就有2.4万名之多)。笔者非常好奇"那些'沉默的大多数'为什么会保持沉默?她们在如此恶劣的生存境况中是不是有一套隐蔽的生存策略？"因此,对某个旅游地进行导游生存困境及抗争行为的研究,成为笔者思考的论文方向。笔者的大学舍友 H 为笔者提供了一个较为理想的田野调查点——云南大理。

在十数次跟团的深度考察中,笔者以参与者和体验者的角色充分感知,以调查者、报道者的身份详尽地调研与记录,以大理导游 H 为切入点,采用人类学参与式观察法,结合个人口述史的方法,通过对导游维持个人生存的日常抗争行为的考察,描述导游的生存现状,记录和分析导游在这样的生存空间中所进行的隐蔽式抗争行为。

本书共分为六个部分。

第一部分是绪论,包括问题提出、相关研究理论回顾、概念界定、田野经历与研究方法。

第二部分介绍本书主要报道人——大理导游 H 的生活史。通过对日常生活中 H 及 H 周围人和环境细节的观察、记述与访谈,从微观层面展现 H 对事物的认知、意义的理解、现象的解释以及面对问题的态度及处理问题的方式。

第三部分从拉力——老师说 H 是做导游的料子、推力——酒店实习的日子就是一场噩梦两个方面介绍导游 H 进入导游行业的背景情况。

第四部分依据导游 H 和其他导游的遭遇及笔者自身跟团的感受,从多方面分析导游的生存受损现状,并用导游 H 自己的语言原原本本的展现:"尊严都没了""健康也搭进去了""尽力工作了,还得倒贴钱"和"再干两年,我就转行"。

第五部分从三个方面分析造成导游生存困境的原因:一是"零负团费"的普遍存在;二是大众媒体的误导作用;三是中国小费文化传统的缺失。

第六部分借用戈夫曼的舞台表演理论分析导游抗争的具体行为。面对生存遭受困境的现实,导游并不消极逃避,而是作为抗争的主体,不断发挥自己的能动性,积极运用智慧,灵活采取抗争手段,努力拓展自己的生存空间。

结论部分探究造成游客与导游关系紧张、造就"疯狂"导游的根源——即游客与导游对于导游服务的不同认知:"这是一次经济交易——游客眼中的导游服务"与"这是一场社会交换——导游眼中的导游服务"。

无奈的导游所进行的隐蔽式抗争行为终究上不了台面,导游在进行着这些抗争行为的同时也饱含着内疚与自责。若要改变现状,还导游一个健康的生存环境,还需政府、旅行社、大众媒体、导游群体等共同努力,从法律、政策、制度等多方面入手。但这终究不是一蹴而就的事情。所以对于当下的导游们来说,现状无力改变,她们只能继续无奈地前行。

2013年4月25日中华人民共和国主席令第3号公布《中华人民共和国旅游法》包括总则、旅游者、旅游规划和促进、旅游经营、旅游服务合同、旅游安全、旅游监督管理、旅游纠纷处理、法律责任、附则10章112条,自2013年10月1日起施行。这是中国旅游行业的大好消息,期待该法的有效实施能够使失范无序的旅游市场变得井然有序,能够带来导游生存状况的根本性改变,让导游们没有后顾之忧、尽情地向游客们展现她／他们的真诚与热情,让无奈的她／他们挺起腰杆、带着激情、充满希望地工作与生活!但是,最近关于昆明导游骂游客事件的发生,告诉人们:真正贯彻落实《中华人民共和国旅游法》还任重而道远!

目　录

绪　论

第一章　导游 H 的生活史

第二章　H 进入导游行业

第三章　导游遭遇的生存困境

第四章 造成导游生存困境的原因分析

第五章　导游的抗争

绪　论

第一节 研究缘起

中国已进入大众旅游时代。截至 2012 年底,我国国内旅游人数为 29.57 亿人次,比上年增长 12.0%。其中城市居民旅游人数为 19.33 亿人次,农村居民旅游人数为 10.24 亿人次。经旅行社组团出游人数为 9246 万人次,散客人数为 28.64 亿人次。按同行人数分类,一人出行占 39.4%,二人出行占 24.2%,三人出行占 21.9%,其他共占 14.5%。① 中国的旅游业不论是从出境游、入境游还是国内游来看,都呈现一种井喷的趋势。

导游作为一个国家与地区的代表迎接来自全世界各地的旅游者,以其广博的知识、精湛的导游技巧、热情的导游服务为数以亿计的游客提供美好的旅游享受,同时亦是各地文化交流的民间使者,也是我国旅游业发展重要的实践者和积极的推动者,为满足人们日益增长的旅游需求,做出了积极的贡献。党中央、国务院历来重视导游工作,首先是邓小平提出"旅游事业大有文章可做,要突出的搞,加快的搞",同时他认为"要培养翻译、导游、经营管理人员";以江泽民同志为核心的第三代党中央领导集体强调要建设一支有理想、有道德、有文化、有纪律的旅游从业人员队伍;党的十六大以来,胡锦涛同志对西藏导游队伍建设两次做出重要批示,温家宝总理充分肯定了旅游及旅游从业人员在促进我国经济社会发展、增进友谊、扩大对外交往中的重要作用。

旅游行业长期的不规范化发展加之导游"吃回扣"行为的曝光,媒体的舆论宣传在游客心目中树立了"导游不可信任"的形象。曾几何时,人们开始戴上有色眼镜看待导游,给她们扣上各种帽子:"导游对自身应尽的义务视而不见""一切向钱看""勾结旅游商店、联合旅游景点一起欺骗游客"等。在人们眼中,导游已俨然成了"一群只懂得骗钱的黑心人"。为了谨防上当受骗,随团出游的游客开始奉行"不听导游的话、不吃导游介绍的菜、不进导游带去的店"等"严防死守"的信条。如此疯狂的旅游市场"造就"了疯狂的导

---

① 资料来源:《2012 年国内旅游人数 29.57 亿,同比增 12%》,《中国旅游报》2013 年 3 月 4 日。

游,各大媒体纷纷曝出恶性导游事件的新闻,比如丽江砍人男导游、大理嫌贫爱富女导游等。面对不健全的旅游制度、不规范的旅游市场、不恰当的社会舆论,除了极个别导游采取较为极端的方式进行直接的、正面的反抗之外,大多数导游保持"沉默"。截至2012年底,仅云南省正在接团带团的导游就有2.4万名。笔者非常好奇:那些"沉默的大多数"为什么会保持沉默?她/他们在如此恶劣的生存境况中是不是有一套隐蔽的不为人知的生存策略?于是,对某个旅游地进行导游生存困境及抗争行为的研究,便成为笔者撰文的思考方向。

2012年上半年,笔者通过与H电话联系了解到大理导游行业内一些有意思的现象,引起笔者巨大的好奇及兴趣:"为什么在游客普遍对导游怀有一种怀疑态度、敌对情绪的情况下,游客还能跟随导游拿回扣的脚步进入购物店消费呢?"这让笔者有些不可思议,非常想了解导游们是如何做到这一点的。当笔者将研究对象定位于导游群体后,随着研读的文献增多及调查的深入,思路逐渐清晰,将主要研究的问题定位为两个:一是导游遭受的生存困境究竟是怎样的?二是在这种境况下,导游为什么没有完全退出导游行业,她们究竟是如何维持生存的?

笔者的好友H提供了一个非常理想的田野调查点——云南大理。2012年的田野调查并不是笔者与大理的第一次亲密接触。笔者在云南度过了被称为"人生中最美好的四年"大学时光,由于本科所学专业为旅游管理,课堂案例、旅游考察等都多是关乎大理,每逢假期,笔者都会跟着在外做兼职导游的师兄师姐们出去跟团,听听他们怎么为游客提供服务,学习怎么与游客相处,这让笔者对大理旅游业有了初步了解。

最终选择大理作为调查地点、选择H作为报道对象,主要有三个方面的原因:一是大理为中国旅游胜地,旅游业相对发达,该地的"零负团费"现象长期存在并且危害较大,受关注的"嫌贫爱富女导游"出自大理,大理的导游问题具有一定代表性。二是笔者曾经在大理学习、生活了四年,对大理旅游业及导游群体有一定的了解。三是笔者的舍友H在大理做导游,她愿意为导游群体喊出自己的声音。于是,笔者带着无数的疑问和强烈的好奇心到了大理,开始了以导游H为中心的民族志考察。

第二节　文献回顾

本节主要对"导游群体"与"抗争"理论研究进行文献回顾,获悉已有的研究状况。

一、导游群体研究

导游是伴随着旅游业的发展而出现的一个社会群体,旅游成为研究热点之后,学者对导游的研究也开始活跃。我国学者对于导游群体的研究大幅度增长出现在 1994 年之后。1994 年后是我国国内旅游业迅猛发展的时期,也是我国逐步开始从法规上规范导游管理的时期。[①] 这个时期,国内大众旅游开始兴起,对导游市场需求强烈,导致这个群体的人数大幅度上升,但是此时的导游管理制度尚不完善,相关法律法规尚不健全,导游行业开始出现问题。在实践迅速发展的同时,关于导游的理论研讨也开始活跃起来。从笔者检索的论著来看,对于导游的研究主要分为五大部分:

(一)导游基本内涵研究

导游的基本内涵主要包括导游的概念、分类、特征及作用。导游这个概念最早是由施密特(Schmidt,1979 年)提出的,他认为一个旅游者除了欣赏自然风景,还需要从导游的介绍中得到被诠释的景点。[②] 曼奇尼(Mancini,2001)认为 "导游是一个带领人们在短暂时间内观光旅行的人。" [③] 而霍洛韦(Holloway,1981)认为导游拥有很多的名称。[④] 国内该方面起到代表作用的是潘盛之的著作《旅游民族学》,他认为旅游从业人员已经不是常规概念上的服

① 胡婷婷:《导游研究综述》,《时代人物》2008 年 8 月。

② Schmidt,C.J,The guided tour:Insulated adventure[J].Urban Life,1979,7(4),441-446.翻译参考杜娟硕士论文《导游自身视角下的职业认同研究》,陕西师范大学,2009 年。

③ Mancini,M.Conducting tours.USA:Delmar Thomson Learning[J].2001,230-240. 翻译参考杜娟硕士论文《导游自身视角下的职业认同研究》,陕西师范大学,2009 年。

④ Holloway,J.C.The guided tour:A sociological approach[J].Annals of Tourism Research,1981,VIII(3),377-402. 翻译参考杜娟硕士论文《导游自身视角下的职业认同研究》,陕西师范大学,2009 年。

务员了,而是以某种文化载体的身份参与服务活动,具有双重的文化使命,扮演的是一种文化上的骑墙主义。①《导游人员管理条例》对导游人员的概念进行了界定:"导游人员指取得导游证,接受旅行社委派,为旅游者提供向导、讲解及相关旅游服务的人员。"②根据国家旅游局人事劳动教育司编写的《导游业务》一书对导游服务的定义:"导游服务是指导游人员代表被委派的旅行社,接待或陪同游客旅行、游览,按照组团合同或约定的内容和标准向其提供的旅游接待服务。"③旅游学界已经普遍认可将"导游"视为"导游服务"的同义词或简称。何玉容在其硕士论文《体验旅游时代导游服务模式》中认为:"根据服务的内容和范围的不同,导游可以分为海外领队、全陪、地陪和景点景区导游人员。"④蔡家成在其论文《我国导游管理体制研究之四:导游分类》一文中,对导游的分类进行了细致的研究。⑤何丽芳《浅谈"文化型"导游及其风格的形成》中简述了"文化型"导游产生的宏观背景,比如文化旅游的兴起、信息社会的冲击、旅游市场竞争加剧等,总结和分析了其内涵及基本特征,包括物质的依托性、服务的知识性、平等的交流性和讲解的针对性等,探讨了"文化型"导游风格形成的主客观原因。⑥陶汉军、黄松山的《导游服务学概论》一书探讨了导游服务职能,认为导游传播具有双向性与情感性。导游传播的内容主要包括传递旅游目的地的景观、社会情况和相关的知识及传递旅游过程中的有关信息两方面。⑦

关于导游的功能和作用的研究,霍洛韦(Holloway,1981)⑧是最早对导游形成系统进行研究的学者,他与赖安(Ryan)和杜瓦(Dewar,1995)⑨一致认为:"导游与旅游团的交流可以增加群体的士气和社会的互动。"导游的行为

---

① 潘盛之:《旅游民族学》,贵州:贵州民族出版社,1997年版。

② 中华人民共和国国务院令第263号。

③ 杜炜:《导游业务》,北京:高等教育出版社,2002年版。

④ 何玉荣:《体验旅游时代导游服务模式》,合肥:合肥工业大学,2008年版。

⑤ 蔡家成:《我国导游管理体制研究之四:导游分类》,《中国旅游报》2009年11月30日。

⑥ 何丽芳:《浅谈"文化型"导游及其风格的形成》,《科技情报开发与经济》2004年9月。

⑦ 陶汉军、黄松山:《导游服务学概论》,北京:中国旅游出版社,2003年版。

⑧ Holloway,J.C.The guided tour:A sociological approach[J].Annals of Tourism Research,1981,VIII(3),377–402. 翻译参考杜娟硕士论文《导游自身视角下的职业认同研究》,陕西师范大学,2009年。

⑨ Ryan, &Dewar Evaluating the communication process between interpreter and visitor [J].Tourism 翻译参考杜娟硕士论文《导游自身视角下的职业认同研究》,陕西师范大学,2009年。
Management,1995.16(4),295–303. 翻译参考杜娟硕士论文《导游自身视角下的职业认同研究》,陕西师范大学,2009年。

对游客满意度具有很大的影响,具体表现为可产生回头客和新业务,也影响着旅行社的形象,影响着旅游目的地的形象(Pearce,1982)。① 科恩认为很少有针对导游这个群体的研究(Cohen,1982,1985)。② 国内学者们基本一致地认可导游在游客旅游过程中充当跨文化传播的重要中间人角色。这方面的论著中较有权威性的是夏赞才所述评的《主客关系新探:21世纪旅游问题》一书,此书提出"文化掮客"概念,讨论了旅行社、导游、政府及国际机构作为媒介在主客文化影响中所扮演的角色。③ 彭兆荣在《旅游人类学》书中也探讨了"主／客"间的文化遭遇与"中介者",提及文化中介者的重要性。④ 张立勇在其硕士论文《导游员在旅游活动中的地位和作用》中对导游人员的地位和作用进行了分析,认为"导游服务是旅游服务的一个重要组成部分,旅游者从登上旅行社安排的交通工具离开日常习惯的环境,到旅游目的地观光游览或访问,直到行程结束回到旅游出发地,都在享受着导游服务。在整个旅游的过程中,导游处在中心地位,起着导演的作用。一次旅游活动的成功与否,关键往往在于导游服务质量,国际旅游界将导游服务称为'旅游业的灵魂''旅行社的支柱'"。⑤ 张梅在《关于导游人员文化传播偏离的分析》一文中认为,在中国旅游发展初期,导游一直是作为"民间形象大使"受人景仰,但随着近年旅游业的迅速发展,导游在大众媒体、影视作品、公众眼中却成了欺客、宰客、专拿购物回扣的代名词。对于导游基本功能的偏离,文章从导游的行业现状,功能偏离原因以及补救方法等方面做了全面细致的阐述。⑥

此外,学界对这方面的研究还有陆佳的硕士论文《旅游目的地的跨文化交流与可持续发展》、⑦ 肖芸的硕士论文《论旅游与跨文化交流》、⑧ 杨丽的硕士论文《试论旅游活动中的人际传播》⑨ 等。

---

① Pearce,P.L.The social psychology of tourism behaviour [M].Oxford:Pergamon Press,1982. 翻译参考杜娟硕士论文《导游自身视角下的职业认同研究》,陕西师范大学,2009年。
② Cohen,E.Jungle guides in Northern Thailand – hte dynamics of a marginal occupational role [J].Socio Logical Review,1982,30(2),234-265. 翻译参考杜娟硕士论文《导游自身视角下的职业认同研究》,陕西师范大学,2009年。
③ 夏赞才:《主客关系新探:21世纪旅游问题》述评,《旅游学刊》2005年3月。
④ 彭兆荣:《旅游人类学》,北京:民族出版社,2004年。
⑤ 张立勇:《导游员在旅游活动中的地位和作用》,河北:河北大学,2006年。
⑥ 张梅:《关于导游人员文化传播偏离的分析》,《漳州师范学院学报》2004年第3期。
⑦ 陆佳:《旅游目的地的跨文化交流与可持续发展》,硕士学位论文,浙江大学,2006年。
⑧ 肖芸:《论旅游与跨文化交流》,硕士学位论文,四川师范大学,2005年。
⑨ 杨丽:《试论旅游活动中的人际传播》,硕士学位论文,河北大学,2006年。

(二)导游服务质量问题

导游服务质量是近年旅游行业关注的焦点。刘蓬春《论导游服务与导游报酬》一文分析了导游服务的特点,认为导游服务质量标准具有双重性以及导游服务报酬的不合法性和不稳定性、服务报酬与服务质量的背离性,揭示了旅游立法对于保护导游合法权益和约束导游收取回扣方面的盲点。[①]刘晖的《导游服务质量问题的根源分析与对策研究——基于利益相关者理论和游客感知视角》一文,从游客感知视角分析研究了我国的导游服务质量问题,认为导游服务质量管理是一个系统工程,导游问题的根源是导游与其利益相关者间的利益失衡,解决的关键在于改革管理体制,完善制度保障。[②]袁银枝的《导游"导购"问题的分析与破解》一文,通过对导游"导购"问题的探讨,分析了导游"导购"的现象,比如没有经过事先约定就将购物环节纳入旅游行程;不征询游客意见擅自改变计划与行程;恶意串通、瞒天过海、欺骗导购等,探讨了导游导购的本质、原因与危害,并在此基础上提出破解难题的对策。[③]张建融在《导游服务标准化现状、问题与对策》一文中认为,以导游服务标准为依据,以游客感知服务质量为主,通过这样来建立的导游服务质量公正评价体系是提升导游服务质量的有效手段。[④]王镜,马耀峰的《提高导游服务质量的新视角–兼论我国导游管理和研究 20 年》认为提高导游服务质量应该基于游客体验的新视角。[⑤]这方面的文章还有黄雪丽的《我国导游服务质量的现状分析与对策研究》[⑥];谢礼珊、李健仪的《导游服务质量、游客信任感与游客行为意向关系研究》[⑦]等。

(三)导游职业现状问题

张红娟在《导游职业倦怠成因及其对策探讨》中认为导游表现的好坏很重要,小可决定游客的满意程度,大则影响到国家、地区和城市的形象。文章

---

① 刘蓬春:《论导游服务与导游报酬》,《西南民族学院学报》2002 年 12 月。
② 刘晖:《导游服务质量问题的根源分析与对策研究——基于利益相关者理论和游客感知视角》,《旅游学刊》2009 年第 1 期。
③ 袁银枝:《导游"导购"问题的分析与破解》,《贵州商业高等专科学校学报》2007 年 6 月。
④ 张建融:《导游服务标准化现状、问题和对策》,《浙江学刊》2008 年第 4 期。
⑤ 王镜,马耀峰:《提高导游服务质量的新视角——兼论我国导游管理和研究 20 年》,《旅游学刊》2007 年第 3 期。
⑥ 黄雪丽:《我国导游服务质量的现状分析与对策研究》,《市场调研》2006 年 11 月。
⑦ 谢礼珊、李健仪:《导游服务质量、游客信任感与游客行为意向关系研究》,《旅游科学》2007 年 8 月。

通过对职业倦怠基本理论的分析,探讨了导游职业倦怠产生的原因,并提出了应对策略。①吴书锋的《导游的生存环境分析》认为导游变导购这一行为成为旅游者与媒体关注的焦点,使得导游成为被指责的对象,这种局面的出现是与导游的生存环境分不开的:"并不富裕的旅游者对旅游价格敏感而对存在的服务质量差异视而不见,旅游相关行业为赚取利润而不择手段,相关法律法规的欠缺使得导游对其职业难有认同感等。这些因素共同构成了导游的生存环境。"②陈乾康的《导游人员生存状态研究》以四川省为个案,对导游人员生存状态进行了调研,对导游合法收入被取消及不合法收入被放大的问题、导游存在的隐性失业问题、过劳问题、对未来丧失信心问题以及他们普遍存在的焦虑、自责、愧疚心态和逆反心理等问题进行了深入剖析,并在此基础上提出了解决导游生存危机的诸多对策。③袁秋霞的《我国导游生存危机及对策分析》指出我国导游面临准入门槛低、导游归属不明确、导游社会地位不高、导游薪酬和福利待遇不合理等生存现状。④席瑶在《我国导游角色扮演问题及原因剖析》中分析了导游角色面临的艰难困境:从游客看导游角色是万般皆错,从旅行社从业人员视角看待导游角色是本末倒置,而从导游看待导游角色是左右为难。在分析现象的基础上探讨了我国导游角色扮演问题的原因剖析。⑤王彦的《导游员职业自我效能感和职业倦怠感研究》认为导游职业是一项需要投入大量精力、持续性强和服务对象期望高的职业,并且随着旅游市场的竞争日益激烈,导游的职业环境日益恶化,导游面临着巨大的职业压力,长期身处这种高职业压力而得不到缓解就可能出现对工作的职业倦怠感,主要表现在生理、心理和行为三个方面,比如生理上的亚健康,对工作不满意的情绪增加,缺乏对职业的安全感,在工作中置游客利益于不顾,甚至与游客发生矛盾和冲突等。⑥这方面的文章还有袁亚忠、陈辉的《导游高流失率危机、原因、对策研究》⑦等。

① 张红娟:《导游职业倦怠成因及其对策探讨》硕士学位论文,华中师范大学,2008年。
② 吴书锋:《导游的生存环境分析》,《江西财经大学学报》2007年5月。
③ 陈乾康:《导游人员生存状态研究》,《桂林旅游高等专科学校学报》2006年10月。
④ 袁秋霞:《我国导游生存危机及对策分析》,《探索前沿》2005年9月。
⑤ 席瑶:《我国导游角色扮演问题及原因剖析》,硕士学位论文,东北财经大学,2010年。
⑥ 王彦:《导游员职业自我效能感和职业倦怠感研究——以郑汴洛地区为中心》,硕士学位论文,河南大学,2010年5月。
⑦ 袁亚忠、陈辉:《导游高流失率危机、原因、对策研究》,《宁波职业技术学院学报》2007年2月。

(四)导游薪酬问题

旅游业的迅速发展取得傲然成绩的同时也带来了诸多问题，比如导游不导游只导购、服务承诺不能兑现等。人们纷纷将矛头指向导游，指责导游的素质太差。究其原因，这与导游现存的薪酬制度息息相关。有的学者认为导游薪酬问题本身是与旅行社市场恶性价格竞争密切相关的，提出应从旅游市场治理入手解决问题；有学者根据薪酬设计的理论从旅行社微观角度对导游薪酬设计的技术性问题提出了看法；还有学者提出对于低价格旅游包价产品的偏好是旅游市场发展中的"路径依赖"，要改变旅行社恶性价格竞争的局面可能要一段较长时间。笔者在百度网(www.baidu.com)输入"导游薪酬"一词，得到 1990000 篇相关网页，说明导游薪酬问题已经不仅为学术界所关注，也成为一个与人民群众生活息息相关的社会问题。笔者在查阅了众多相关文献的基础上，从导游薪酬的构成、形成原因以及改革研究等方面加以简要阐述。

1.导游的薪酬构成

尽管目前诸多学者对导游薪酬的组成结构都有自己不同的看法，但是基本持一致意见。刘宇航最先对导游的薪酬结构进行了详细的研究："我国中小型旅行社的薪酬体制可分为三种：工资制、分成制与承包制。在工资制下，导游的收入大致可分为：底薪＋补贴＋回扣；在分成制下，导游的收入与销售业绩挂钩；承包制是员工每年交固定的管理费用给企业，即获得所有的剩余索取。"[1]熊伯坚等人在《建立合理导游薪酬制度的思考》一文中认为目前国内导游的收入主要由基本工资、带团津贴、隐性收入和少量小费构成，提到隐性收入(购物回扣)和推销景点获得的费用等。[2]陈乾康在《导游人员生存状态研究》一文中认为，导游收入可以从改制前后两个时期来看，改制前导游工资主要由工资、奖金、出团补贴、购物回扣和小费部分构成；改制后大部分导游收入则由回扣和少量小费构成。这种划分更好地反映出导游在不同时期的收入情况。[3]对导游薪酬构成进行研究的文章还有周燕凌的《基于人力资源

① 刘宇舸：《中小旅行社的薪酬体系对其发展的影响》，《现代管理科学》2002 年第 7 期。
② 熊伯坚等：《建立合理导游薪酬制度的思考》，《中国民营科技与经济》2006 年第 3 期。
③ 陈乾康：《导游人员生存状态研究》，《桂林旅游高等专科学校学报》2006 年第 5 期。

开发的导游人员创新管理》、①何建民的《上海春秋旅行社导游管理经验的调查报告》②等。

2.导游薪酬制度形成的原因

对于目前不合理的导游薪酬制度形成原因的研究，主要集中在以下三点：一是旅游市场无序运行，并且管理不善；二是导游的薪酬激励制度尚不健全；三是游客的消费心理与行为不够成熟。刘辛田在《我国导游的职业定位和薪金制度分析》中认为，以回扣为主体的导游薪金制，主要是由于旅行社削价竞争和旅游商店低水平管理所致。③熊伯坚等在《建立合理导游薪酬制度的思考》中指出，旅行社向导游强征"人头费""零团费"与"负团费"等，导致"赌博"式导游薪酬体制形成，旅行社经营中存在不规范现象的重要原因是旅行社管理观念滞后、机构设置不完善以及整体旅游市场不规范。④欧臻认为以回扣为主的导游薪金制形成主要是由旅行社的恶性削价竞争、旅行社与导游之间的聘用关系不稳定、缺乏导游激励机制、导游市场供过于求、导游工作本身的特殊性以及整体旅游市场的不规范运行等因素造成的。⑤同时，雷引周、杨美霞、欧臻、熊伯坚都撰文提出游客出游或消费心理尚不成熟也是造成目前导游薪酬问题的原因之一。

3.导游薪酬制度改革

目前，导游的薪酬构成以"回扣"为主体，这样的薪酬体制不仅损害了旅游者的合法权益，也损害了导游的职业形象。这样的薪酬体制不仅不能正确地评价导游的工作质量，也不能保障导游劳动价值的合理补偿，并且挫伤了导游的热情，使得即使服务态度再好、服务技能再强的导游也不得不为了最起码的生存而沦为导购。目前，国内该方面的研究成果较为丰富，研究内容主要集中在健全导游薪酬激励机制、规范旅游市场秩序和引导游客正确消费、强化游客的自我保护意识三个方面。杨美霞等在《浅议中国导游薪金管理制度改革》中认为，旅行社的恶性削价竞争不但不会促进旅游服务质量的改善反而会影响旅游业的长远发展，提出应规范旅游市场，提升旅行社管理水平；

---

① 周燕凌：《基于人力资源开发的导游人员创新管理》，《桂林旅游高等专科学校学报》2006 年第 3 期。
② 何建民：《上海春秋旅行社导游管理经验的调查报告（上）》，《中国旅游报》2006 年 6 月 1 日。
③ 刘辛田：《我国导游的职业定位和薪金制度分析》，《开封大学学报》2005 年第 3 期。
④ 熊伯坚：《建立合理导游薪酬制度的思考》，《中国民营科技与经济》2006 年第 3 期。
⑤ 欧臻：《浅议我国导游人员薪酬体制的改革》，《桂林旅游高等专科学校学报》2004 年第 3 期。

同时认为要健全导游激励机制,就要发展导游绩效薪金机制。①刘辛田在《我国导游的职业定位和薪金制度分析》中提出,要改革不合理的薪金制度,应从三个方面入手,即改革导游人事管理制度、整顿规范旅游购物市场和遏制旅行社的恶性削价竞争。他认为只有这样,高额回扣的经济链才会断裂,以回扣为主的导游薪金制度才会失去生存的市场。②雷引周等在《浅议我国导游的薪酬制度》文中认为,要完善导游薪酬激励机制应从三个方面入手:一是要实行导游晋级制度,把职称制度与导游晋级要求挂钩;二是要实行导游底薪等级制,把导游的底薪与导游等级相联系;三是要实行导游"挂牌"服务制度。③

(五)从人类学角度对导游的研究

在期刊论文方面,笔者在中国知网中用"导游"+"人类学"的词频在中国知网上进行搜索,搜索到 19 条与导游和人类学相关的记录,但其直接相关只有 4 篇文章。

史艳兰的《从物的消费到符号的消费——石林景区导游词的象征分析》一文,从石林景区的导游词作为文章的切入点,通过对景点导游、游客及当地人三者之间的互动关系的探讨,反映景点导游在旅游表述过程中的符号选择的深层含义以及这种表述所产生的文化影响。④她的另一篇文章《云南石林景点导游作为景观的旅游建构》在人类学田野调查的基础上,以云南石林景区导游作为旅游景观的建构为切入点,通过梳理 30 年来政府对民族身份、性别在导游准入和导游管理中的认识和变化以及导游自身的文化展演和符号行为等,呈现人、人的景观被规范到自然景观中成为共同旅游景观的过程,并透过这一过程反映当地人的旅游实践。⑤

杨丽娟的《导游:旅游人类学的缺场》一文认为学界对导游的研究尽管深入,但从研究方法来看均存在"远离导游"的问题,旅游人类学对导游的研究一直处于缺场状态,探讨了旅游人类学在导游研究中缺场的原因,认为从"导

① 杨美霞:《浅议中国导游薪金管理制度改革》,《经济与管理》2005 年第 10 期。
② 刘辛田:《我国导游的职业定位和薪金制度分析》,《开封大学学报》2005 年第 3 期。
③ 雷引周:《浅议我国导游的薪酬制度》,《太原大学学报》2006 年第 3 期。
④ 史艳兰:《从物的消费到符,号的消费——石林景区导游词的象征分析》,《全球化背景下的云南文化多样性》2010 年 7 月,云南人民出版社出版第 180 页。
⑤ 史艳兰:《云南石林景点导游作为景观的旅游建构》,《旅游学刊》2012 年第 7 期。

游与游客""导游与导游""导游与管理局""导游与旅行社"及"导游与媒体"这五对关系是从旅游人类学角度来研究导游的重要内容。①

胡婷婷的《民族旅游区导游的民族文化传播研究——以湖南凤凰县为例》一文,以凤凰县民族旅游区的导游为研究主体,围绕导游在传播旅游区民族文化时对该区文化的习得与传播的过程,归纳其习得与传播的途径、内容与特点,呈现导游传播的图景,同时对导游的文化"中介"角色进行了分析,探讨了导游传播与旅游区文化相互制约和影响的过程。②

二、抗争行为研究

对抗争行为的研究主要集中在文学领域。人类学与社会学学术界对抗争行为的研究较少,其研究对象主要集中在社会抗争中妇女、农民工、农民、摊贩等几个主要方面。

林允情的《城市重大工程引发的社会抗争事件研究》一文结合抗争政治理论,构建社会抗争与政府行为之间的分析框架,通过上海的城市重大工程所引起的社会抗争事件进行实证研究,认为在城市重大工程征求意见阶段、建设阶段、运营阶段,由于政府行为的不规范损害了民众的利益,就容易出现社会抗争事件。事件发生后,政府依然不能与民众进行有效的沟通,那么这样的社会抗争的规模会出现转移与扩大的情况。③钟年的《传统社会中的妇女抗争》一文从争取婚姻的自主选择权、婚礼中与夫权的较量、变态防卫式的对抗、以大义来处理夫妻关系四个方面描述传统社会中妇女所进行的抗争。④孙培军的《当前中国社会抗争研究:基于抗争性质、动因与治理的分析》一文探讨了社会抗争的生发原因、动力机制及治理逻辑,认为当前中国的社会抗争有其政治、经济、社会和文化因素,性质上属于是基于利益博弈的底层抗争,具有内在结构和正反功能。⑤吴新慧的《风险社会:农村环境受损群体及其

① 杨丽娟:《导游:旅游人类学的缺场》,《思想战线》2011年第5期。
② 胡婷婷:《民族旅游区导游的民族文化传播研究——以湖南凤凰县为例》,《中南民族大学学报》2009年第5期。
③ 林允情:《城市重大工程引发的社会抗争事件研究》,博士学位论文,复旦大学,2011年。
④ 钟年:《传统社会中的妇女抗争》,《光明日报》2000年11月30日。
⑤ 孙培军:《当前中国社会抗争研究:基于抗争性质、动因与治理的分析》,《社会科学》2011年第2期。

抗争行为分析》一文从风险社会的视角分析了我国农村环境受损群体的产生机制、风险承担机制以及面对风险环境受损群体表现出来的经济型抗争、焦虑型抗争和群体型抗争行为。①毛小平的《利益受损大学生的利益抗争行为研究——大学生打架斗殴现象解析》一文通过研究发现，大学生的关系网、资源动员能力、沟通理解能力、家庭影响等对其利益抗争行为方式的选择有影响。认为通过优化校园环境、加强法规及校规教育、净化大学生的生活环境确可以有效预防大学生打架斗殴现象发生。②蔡禾等人的《利益受损农民工的利益抗争行为研究——基于珠三角企业的调查》一文以企业利益受损农民工为对象，分析影响他们进行利益抗争的因素，影响农民工对利益抗争行为方式的选择的因素。③陈先兵《维权话语与抗争逻辑——中国农村群体性抗争事件研究的回顾与思考》一文对农民五种群体性抗争行为 "日常抵抗""依法抗争""以法抗争""草根动员"和"依势博弈"等存在的问题做了分析和说明，认为中国农村群体性抗争事件研究需要更多个案支撑并需借助"国家与社会"的分析框架，在现代国家建构的大背景下进行研究。④李向军的《风险社会视角下失地农民的困境及抗争问题研究》一文论述了农民失地的原因，认为存在时代背景及制度和文化两方面的因素。同时从个体化理论的角度，分析了失地农民在生存、发展和身份认同三个方面的风险困境，并对失地农民的抗争形式进行了观察，探讨了失地农民抗争行为的特点和意义。文章最后对失地风险的化解提出了四点可行性建议。⑤李佳琳的《城市中的摊贩——以上海市规划外存在的柔性抗争 E 高校周边小贩为例》一文选择上海市 E 高校周边的小贩为例，运用都市人类学的研究方法，通过对摊贩、行人、"两管"人员各自的逻辑困境的描述，分析从事非正式经济的底层在都市规划之外进行柔性抗争的存在可能性以及空间创造。⑥

① 吴新慧：《风险社会：农村环境受损群体及其抗争行为分析》，《杭州电子科技大学学报(社科版)》2009 年第 03 期。
② 毛小平：《利益受损大学生的利益抗争行为研究——大学生打架斗殴现象解析》，《宜宾学院学报》2009 年第 11 期。
③ 蔡禾、李超海、冯建华：《利益受损农民工的利益抗争行为研究——基于珠三角企业的调查》，《社会学研究》2009 年第 1 期。
④ 陈先兵：《维权话语与抗争逻辑——中国农村群体性抗争事件研究的回顾与思考》，《北京化工大学学报(社会科学版)》2010 年第 1 期。
⑤ 李向军：《风险社会视角下失地农民的困境及抗争问题研究》，硕士学位论文，华中师范大学，2008 年。
⑥ 李佳琳：《城市中的摊贩——以上海市规划外存在的柔性抗争 E 高校周边小贩为例》，硕士学位论文，华东师范大学，2010 年。

综上所述,目前国内对于导游的研究主要集中在导游概念、分类、地位和特征,导游的服务质量问题,导游的职业现状问题,导游的薪酬制度问题等方面的研究。虽然有学者从社会学、人类学角度对导游这个群体做了初步研究,但研究成果明显不足;对抗争行为的研究主要集中在文学领域,人类学与社会学学术界对抗争行为的研究对象主要集中在社会抗争中妇女、农民工、农民、摊贩等几个主要方面。为了深入而具体地了解导游这个群体的生存状态以及导游在生存困境中谋取生存的技巧和策略,笔者在导师徐杰舜教授的指导下,对正在大理做导游的大学舍友 H 进行了以个人为中心的民族志调查,试图构建导游抗争行为的框架,为斯科特的"弱者的武器"理论与戈夫曼的戏剧论提供一个以导游为对象的研究案例。

第三节　研究目的与意义

一、研究目的

本书对大理导游 H 遭受的生存困境及其抗争行为进行研究。大理的旅游市场环境恶劣,零团费、负团费旅游团普遍存在,旅行社为了转移风险,不给导游工资,让导游垫付各种费用,计调① 按关系分派团;司机不让导游上车,刁难导游,暗中获取利益;上级导游的"放水"等,给大理导游造成了生存的困境,但即使是在这样的情况下,大理的诸多导游依然能够坚持在导游岗位,以智慧谋略及隐蔽式抗争行为维持着生存。

本书研究目的:

第一,揭示导游遭遇的各种生存困境;

第二,探寻造成导游生存困境的原因;

第三,分析导游各种隐蔽式抗争行为;

第四,探究导游失控行为发生的根源。

---

① 计调是旅行社中负责旅游团队所用车辆、导游、餐厅、景点、酒店等相关旅游要素协调调度的工作人员。

二、研究意义

导游抗争行为是导游为在生存困境中求得生存而进行的抗争行为。对其进行研究具有以下意义：

在理论上。本书可以为斯科特"弱者的武器"理论与戈夫曼的"戏剧表演"理论提供一个关于导游群体的研究案例，同时给导游群体的研究增加从导游自身出发、采用人类学方法及理论进行研究的视角，丰富现有导游群体研究的相关内容。

在现实中。本书能帮助大众正确认识导游及其行为，促进游客与导游的相互理解，使彼此之间的互动充满真诚与信任，彼此之间的关系更为和谐友好。目前学界关于导游的研究主要都集中在导游职业现状、薪酬设计等方面，而笔者另辟一条新的研究思路，旨在为相关部门解决导游面临的生存困境提供决策依据，为建立规范的导游行业秩序尽绵薄之力。

第四节 概念界定

一、表演

戈夫曼提出"为了在某种社会背景中给他人某种印象而做出的活动即为表演"。①并将表演分为两类："其一是通过各种语言符号或者替代物所给予的明显的表达，其二是通过广泛的行动流露的隐含意义。在表演中，人们往往偏向于第二种，以及对这一类表演如何加以控制的技巧。"②本书中，舞台前的表演指的是导游与游客面对面直接交往的部分，导游运用各种技巧使自己的表演得到好的效果，以期获得游客对自己的良好印象，使表演获得成功。而舞台后的协调指的是导游为了使自己在前台表演获得成功，与其"剧组"成员包括旅行社、司机等在舞台后方所进行的协调。

---

① 〔加〕欧文·戈夫曼：《日常生活中的自我呈现》，冯钢译，北京：北京大学出版社，2008 年版，第 20 页。
② 〔加〕欧文·戈夫曼：《日常生活中的自我呈现》，冯钢译，北京：北京大学出版社，2008 年版，第 21 页。

二、舞台前、舞台后

舞台前、舞台后借用的是欧文·戈夫曼的戏剧表演(performence)理论。戈夫曼引入戏剧表演中的"舞台"一词，将人类的表演场也称为舞台，分为前台与后台两部分。所谓本书的舞台前，指的就是前台，根据戈夫曼的理论"前台是一个人在社会活动中固定的、为观众特定的情景部分，是可以被观众看到的，并且能使观众获得一定意义的部分"。①戈夫曼指出个人前台的组成部分可能有：官职或官阶的标记；衣着服饰；性别、年龄、种族特征；身材和外貌；仪表；言谈方式；面部表情；举止等。②而后台是相对于前台而言的，是不能让观众所见、限制观众和局外人进入的部分，表演者在后台可以比较放松，能够获得剧组其他人员的支持。③本书的前台指的是导游在进行导游活动中固定的、为游客所特定的情景部分，是可以被游客看到并使游客获得一定意义的部分；而后台指的是导游、旅行社、司机、购物店等为游客提供后台服务的关系群体，也是与导游相关的利益相关群体。

三、弱势群体

当前学术界对"弱势群体"这一概念尚无统一的定义界定。比较具有代表性的定义主要有以下几种：杨宜勇认为弱势群体是低收入群体。④王思斌认为弱势群体是"在社会经济结构和权力结构中处于不利地位的社会群体"。⑤李学林认为弱势群体是"指能力或机会处于劣势而只能较少地占有社会政治、经济或文化资源的人群共同体"。⑥张敏杰认为弱势群体"应该是由于自然、经济和社会方面的低下状态而难以像正常人那样去化解社会问题造成的压力，导致其陷入困境、处于社会不利社会地位的人群或阶层；在社会变迁的进程中，

---

① 〔加〕欧文·戈夫曼：《日常生活中的自我呈现》，冯刚译，北京：北京大学出版社，2008 年版，第 20 页。
② 〔加〕欧文·戈夫曼：《日常生活中的自我呈现》，冯刚译，北京：北京大学出版社，2008 年版，第 20 页。
③ 〔加〕欧文·戈夫曼：《日常生活中的自我呈现》，冯刚译，北京：北京大学出版社，2008 年版，第 21 页。
④ 杨宜勇：《公平与效率——当代中国的收入分配问题》，北京：今日中国出版社，1997 年版，第 75 页。
⑤ 王思斌：《社会工作导论》，北京：北京大学出版社，1998 年版，第 17 页。
⑥ 李学林：《社会转型与中国弱势群体》，成都：西南交通大学出版社，2005 年版，第 2 页。

这个群体是社会援助的对象,是社会福利的接受者"。① 本书比较认可张敏杰关于"弱势群体"的界定。同时又认为导游群体具有自身独特的性质。

本书结合《导游人员生存状态研究》一文对导游人员生存状态的调查,得知导游缺乏正常合法的收入来源,与基本的社会福利待遇无缘,隐性失业严重,收入水平总体偏低;并且从导游人员的心理健康状况来看,导游对其职业的认同感偏低,对相关部门普遍存在不满情绪,心理经常处于焦虑与自责状态,对未来生活充满困惑和彷徨。鉴于此,本书将导游这个群体界定为弱势群体。

四、"弱者的武器"

本书所使用的"弱者的武器"的概念来自詹姆斯·C.斯科特的著作《弱者的武器——农民的日常反抗形式》一书。"具体而言,农民有两种形式的反抗即日常的反抗与公开性质的反抗",②"真正公开性质的反抗被认为是:一、有组织的、系统的与合作的;二、有原则的或非自利的;三、具有革命性的后果;四、将观念或动机具体化为对统治基础的否定。与之相反,象征的、偶然的或附带性的行动则是:一、无组织的、非系统的和个体的;二、机会主义的和自我放纵的;三、没有革命性的后果;四、就其意图或意义而言,含有一种与统治体系的融合"。③斯科特认为"农民反抗的日常形式,主要有偷懒、装糊涂、开小差、假装顺从、偷盗、装傻卖呆、诽谤、纵火、暗中破坏等形式,而农民这些日常的、隐藏的、不易观察和监督却又无所不在的反抗,就被称为'弱者的武器'"。④

五、抗争

斯科特提出的"隐蔽式抗争行为",即不公开的、隐蔽的行为进行抗争的过程。本书所指的抗争与之有类似的地方,即它仍然是一种抗争行为,即表现为"两种力量冲突对峙时,一方因受到另一方不公平待遇而表现出来的对抗

① 张敏杰:《中国弱势群体研究》,长春:长春出版社,2003 年版,第 21 页。
② 〔美〕詹姆斯·C.斯科特:《弱者的武器》,南京:译林出版社,2007 年版,第 38 页。
③ 〔美〕詹姆斯·C.斯科特:《弱者的武器》,南京:译林出版社,2007 年版,第 354—355 页。
④ 〔美〕詹姆斯·C.斯科特:《弱者的武器》,南京:译林出版社,2007 年版,第 354—355 页。

并积极争取权益的行为"；①其次，本书关注的焦点集中在不公开、隐蔽进行的那一方面，是与显而易见的显性抗争行为如导游的罢工静坐、用武力伤人等相区别的。本书的导游抗争是隐蔽式的，是只有旅游行业内人员才能够了解的、秘密进行的抗争行为，但与斯科特笔下的偷懒、装糊涂、开小差、假装顺从、偷盗、诽谤、纵火、暗中破坏等较为消极的形式又是有所区别的。导游抗争是偏向于积极的，既是隐蔽的也是个体的。其形式主要分为两种：一是舞台前的表演，即为游客提供个性化的服务、努力重建值得信任的形象、隐蔽式的推销等；二是舞台后的协调，即向旅行社表现忠诚、讨好司机、"放水"与"反放水"等。这是一种非组织的、非政治性的抗争策略，是导游在特定的政治经济社会环境下采取的有限且合适的抗争方式。

六、各级导游

本书所使用的"同级导游"指的是在同一个旅游地从事导游工作的群体，主要指的是大理的地陪导游。"上、下级导游"指的是根据旅游团行程的安排，处于某旅游地游览行程的上一站，比如昆明大理四日游，昆明地陪导游对于大理地陪导游来说就是上级导游；大理地陪导游对于昆明导游来说就是下级导游。本书没有特意指明某导游类型时，均指的大理地陪导游。

第五节 研究理论与方法

一、理论观照

（一）斯科特"弱者的武器"理论

詹姆斯·C.斯科特的著作《弱者的武器——农民的日常反抗形式》一书是作者在马来西亚写的田野调查报告。他考察了村庄改良计划给村民们带来的

---

① 谢婧：《弱者的有限抗争——福建西村征地中的农民抗争个案的研究》，硕士学位论文，厦门大学，2007年6月。

社会、政治和经济的新变化和新压力。穷人们在村庄的改良计划中逐渐被边缘化,甚至陷入绝对贫穷的境地。当他们为了生存和自尊在苦苦挣扎时为什么不起来推翻现有的经济和社会秩序?针对这一现象,斯科特提出了"弱者的武器"这一概念。他认为"农民并不是没有认识到他们的处境,但是他们也认识到公开反抗要付出的成本和代价,所以采取了一种日常反抗的方式,以获得保全和生存的机会"。①具体而言,"农民有两种形式的反抗,'日常'反抗和公开性质的反抗"。②"真正的反抗被认为是有四个特点,首先是有组织的、系统的与合作的;第二是有原则的或非自利的;第三是具有革命性的后果;第四是将观念或动机具体化为对统治基础的否定。与之相反,偶然的或附带性的行动也有相对应的四个特点,首先是没有组织、非系统的和个体的;第二是机会主义的和自我放纵的;第三是没有革命性的后果;第四就其意图或意义而言,含有一种与统治体系的融合。"③斯科特认为"农民反抗的日常形式,主要有偷懒、装糊涂、开小差、假装顺从、偷盗、装傻卖呆、诽谤、纵火、暗中破坏等形式",而农民这些日常的、隐藏的、不易观察和监督却又无所不在的反抗,就被他称为"弱者的武器"。④

(二)戈夫曼"戏剧表演"理论

欧文·戈夫曼的拟剧理论是针对人际交往提出的, 关注的是日常生活中人们如何运用符号预先设计或展示在他人面前的形象,即如何利用符号进行表演,并如何使得表演取得良好效果,他的研究重点在"互动",用他自己的话说,就是"在互相直接见面的时候,一个人与另一个人行动的交互影响"。⑤在其著作《日常生活中的自我呈现》中,戈夫曼将互动都看成是个体与个体之间的表演,在戈夫曼看来,社会就是一个大的舞台,每个个体都是舞台上的表演者,表演者通过舞台上的表演给观众制造某种印象,不断地理解并运用身体的各种象征姿势、符号来制造所期望塑造的印象,以维持正常的互动,构建社会结构,使得社会秩序正常运行。为了在同一前台中表演一套共同的常规程

① 何宏光:《来自底层的反抗:东南亚农民研究的三个关键词》,《东南亚研究》,2008 年第 1 期。
② [美]詹姆斯·C.斯科特:《弱者的武器》,南京:译林出版社,2007 年版,第 38 页。
③ [美]詹姆斯·C.斯科特:《弱者的武器》,南京:译林出版社,2007 年版,第 354—355 页。
④ [加]欧文·戈夫曼:《日常生活中的自我呈现》,冯钢译,北京:北京大学出版社,2008 年版,第 21 页。
⑤ 许青霞:《<康熙来了>中的拟剧理论分析》,《华中人文论丛》2011 年 6 月。

序就需要相互协同配合的一组人,戈夫曼把这组人叫作"剧班"。此时,剧班成员之间相互依赖、相互制约,并对场域内各种象征符号有相似的理解与运用,能够较为准确地对表演场域情景进行定义,通过各种形式的表演对观众制造表演者们期望给出的印象,完成成功的印象管理。成员之间还会采取一些策略性行为如保守秘密、控制舞台设置等来保证自己剧班表演的成功与表演过程的安全。为了更好地完成表演,表演者通常会挑选与其合作的剧班成员,以排除能力不足的合作者带来的表演失败。①

戏剧包括诸多元素,舞台和演员是不可少的,舞台是演员进行表演的重要场所,戈夫曼引入戏剧表演中的"舞台"一词,将人类的表演场所也称为舞台,它分为前台与后台两部分。本书所谓的舞台前,指的就是前台。根据戈夫曼的理论:"前台是一个人在社会活动中固定的、为观众特定的情景部分,是可以被观众看到的,并且能使观众获得一定意义的部分。"②而后台是相对于前台而言的,是不能让观众所见、限制观众和局外人的进入的部分,表演者在后台可以比较放松,能够获得剧组的支持。戈夫曼提出"为了在某种社会背景中给他人某种印象而做出的活动即为'表演',表演的目的即表达某种意义"。③他将表演分为两类:"其一是通过各种语言符号或者替代物所给予的明显的表达,其二是通过广泛的行动流露的隐含意义。在表演中,人们往往注重的是后一种,以及对这一类表演如何加以控制的技巧。"④本书拟运用该理论对导游的抗争行为进行分析。

二、研究方法

近年来,从医学、心理人类学领域开始的以个人为中心的近距离民族志研究已逐渐影响到其他领域。道格拉斯·霍兰一直主张以个人为中心的民族志研究,他指出,罗伯特·勒瓦因在1982年首次采用了个人中心的民族志这个词来形容近距离描述与分析人类行为、主观经验以及心理过程的方法,其

---

① 〔加〕欧文·戈夫曼:《日常生活中的自我呈现》,冯刚译,北京:北京大学出版社,2008年版,第111页。
② 〔加〕欧文·戈夫曼:《日常生活中的自我呈现》,冯刚译,北京:北京大学出版社,2008年版,第20页。
③ 〔加〕欧文·戈夫曼:《日常生活中的自我呈现》,冯刚译,北京:北京大学出版社,2008年版,第21页。
④ 〔加〕欧文·戈夫曼:《日常生活中的自我呈现》,冯刚译,北京:北京大学出版社,2008年版,第21页。

核心是强调个体的重要性。[①]"个人中心的民族志研究主要着眼于个人以及个人的心理与主观经验如何形成了社会与文化程序,以及个人的心理与体验如何受那些程序的影响。"[②]

阎云翔在研究中国农民私人生活与私密性情感时,所使用就是以个人为中心的民族志方法,他指出:"在某种意义上,采纳近距离、个人中心的民族志研究是向传统的回归,也就是传统上那种基于特定地点的某个社区进行长期而仔细的田野作业之后,对日常生活做出详尽描述的民族志。但是,与传统方法不一样的地方在于,当代研究主要着眼于个人体验以及个人的主体性,而不是社会结构与文化规范。"[③]并进一步指出:"以个人为中心的民族志研究极为依赖在一个固定地点作长期反复的田野调查,以及对当地的历史发展做深入研究。"[④]

本书同样是一篇以个人为中心的民族志,笔者以大理导游 H 为中心,同时"辐射"与 H 存在各种关系的导游们。笔者跟随 H 进入她的生活,在接团、带团,与旅行社、司机、其他导游相处等各个场景中,观察导游 H 面对游客和非游客群体的应对方法与技巧,体会她的情感与思想,记录她的抗争行为及生存之策。笔者分别于 2012 年 5 月底及 2013 年 5 月初来到大理,对导游 H 进行以个人为中心的民族志调查。第一次田野调查:2012 年 5 月 26 日—7 月 10 日,持续 45 天;第二次田野调查:2013 年 5 月 5 日—2013 年 5 月 16 日,持续 12 天。两次调查时间共计 57 天。在调查中,笔者住在主要报道人——导游 H 小小的出租房中,与导游 H 同吃同住同带团,同时笔者以"实习导游"身份,直接参与导游 H 的接团、进景点、讲解、安排就餐、进店、安排住宿、送团等整个导游服务过程。在调查中,获得了充分的第一手资料,并在观察与亲身实践中了解导游 H 的工作场域。

笔者的研究主要运用以下方法:

① 徐薇:《自我、角色与乡土社会》,博士学位论文,中央民族大学,2010 年。
② Hollan,Douglas.The Relevance of Person-concerned Ethnography to Cross-cuctrual Psychiatry Transcultural Psychiatry.1997.34(2);219-234.转引自徐薇:《自我、角色与乡土社会》,博士学位论文,中央民族大学,2010 年。
③ 阎云翔:《私人生活的变革:一个中国村庄里的爱情、家庭与亲密关系 1949—1999》,龚小夏译,上海:上海书店出版社,2006 年版。
④ 阎云翔:《私人生活的变革:一个中国村庄里的爱情、家庭与亲密关系 1949—1999》,龚小夏译,上海:上海书店出版社,2006 年版。

(一)从单点到多点

当笔者着手做田野调查时，本想仅在室内对导游 H 做一个口述史研究，但为真正了解导游 H 在旅游团操作中应对不信任她的游客与旅行社、司机等现实场景，也为了更好地了解导游 H 的处境、心态、行动与情感，掌握导游 H 职场更全面的图景，笔者跟随导游赴旅行社拿单，到大理火车站接团，与游客一起赴各个景点进行参观，坐游船进行游览，与导游司机一起就餐，到购物店进行消费，直到最后与游客们挥手道别等整个过程。因此笔者的田野是"从单点到多点"。需要指出的是"多点民族志"对于乔治·马尔库斯来说"指的是在多个田野地点针对同一主题所做的民族志，这种做法是为了使得民族志能够摆脱单一地点的局限"，[①] 以便获得较为全面的资料以及更为正确的认识。

(二)从观察到体验

刚开始进入田野调查，与导游 H 跟团时，笔者只是作为旅游者的一员，坐在旅游车里，听导游 H 的讲解并静静地观察。之后笔者开始协助导游 H 做一些导游服务工作，比如引领游客过马路、提醒游客防晒与着衣、回答简单的导游知识问题、与司机导游们吃饭聊天、与导游 H 一同到旅行社取及送接团单等。在这个过程中，笔者体会到对导游的研究不再仅仅是描述性的，而是过程性与互动性的。同时，研究者自身的体验至关重要。从导游 H 整个活动的过程来看，从接到计调的接团电话再到与游客挥手送别，都贯穿着强烈的情感。这些基于个体的心理感受是一般人类学者的参与观察所不能有效把握的，必须要有同导游一样对导游活动及其他场景有切身的感受，才能体会到导游当下最真实的情感。然而，"传统的人类学避谈'体验'，因为有悖于学科的实证精神，但随着反思人类学启发下的实验民族志的出现，开始了研究者与调查对象之间互动体验关系的探讨"。[②]

① Marcus，George E.Ethnography in/of the World System；The Emergence of Multi-Sited Ethnography.in Marcus ed ，Ethnogrophy through Thick and Thin，Princet on Princeton University Press，1995.转引自徐薇：《自我、角色与乡土社会》，博士学位论文，中央民族大学，2010 年。
② 〔美〕乔治·E.马尔库斯、米开尔·M.J 费彻尔：《作为文化批评的人类学：一个人文学科的实验时代》，王铭铭、蓝达居译，北京：生活·读书·新知三联书店，1998 年版。

(三)从文献到访谈

本研究是在前人从事相关研究基础上进行的。笔者在下到田野之前,已经对关于导游研究相关方面的文献进行了研读和整理;通过广泛查阅人类学、旅游管理等方面的相关理论书籍、学术论文、报纸杂志等文献资料来弄清导游研究的现状,为本书研究作必要的理论参考。但本书的主要资料来自于田野调查中所进行的观察和访谈,访谈的主要对象是导游 H,此外也包括了旅游车司机、旅行社计调、游客、其他导游等。

第六节　田野点概况

笔者与大理第一次"邂逅"是高考完的夏天,在旅行者的博文中、在 goole 的图片上、在随处随性拍摄的视频里,笔者领略到了大理仙境般的美丽。作为"美的俘虏"一员中的笔者一直怀抱着一种憧憬——到最美的地方,用最美的方式,完成最美的人生洗礼。笔者选择了云南——一个国内外知名的旅游胜地;选择了旅游管理——一个被称为游山玩水的专业。满载着梦想与憧憬从湘水之边启程,不远千里,赴大理之约。当笔者踏出车厢的那一刹那,清凉的洱海之风吹散了远程旅行的疲惫,当热烈的高原阳光第一次与笔者的肌肤有了亲密接触,当传说中的苍洱第一次印上了笔者的双眸,笔者爱上了大理!笔者在云南求学四年,对大理的旅游业及导游群体有初步的了解。笔者分别于2012 年 5 月底及 2013 年 5 月初进入大理,对导游 H 进行以个人为中心的民族志调查。

大理,全名为大理白族自治州,位于云南中部偏西,总面积 29459 平方公里,山川秀丽,资源丰富,四季如春。全州下辖 1 市 11 县,居住着汉、白、彝、回、傈僳、藏、纳西等 26 个民族。理,治也,"大理"的意思即大治理,大大调理各方面的关系,以适应生产力的发展。①大理在漫长的历史岁月中曾有着显赫的地位和作用,同时也是著名的"五朵金花"的故乡。

---

① 资料来源:百度百科"云南大理"词频 http://baike.baidu.com/view/60995.htm,搜索于 2013 年 4 月 22 日 16:38 分。

一、大理的地理概况

大理白族自治州地处云贵高原与横断山脉相结合的位置,整个地势呈西北高、东南低。大理州境内的山脉主要属云岭山脉及怒山山脉,以苍山为分界线,苍山以东、祥云以西为中山陡坡地形,苍山以西为高山峡谷区。[1]境内有大小河流共 160 多条,主要河流有 3 条即金沙江、澜沧江、怒江,湖泊有洱海、天池、茈碧湖、西湖、东湖、剑湖、海西海、青海湖,一共 8 个。

二、大理的气候特征

大理州在低纬度、高海拔地理条件综合影响下,形成了"四时之气,常如初春,寒止于凉,暑止于温"[2]低纬高原季风气候特点。由于大理纬度较接近北回归线,尽管年温差较小,但是太阳辐射较大,紫外线较强,这对于爱惜皮肤的女性导游来说是一个极大的挑战。

大理的气候属于热带季风气候,有明显的雨旱季之分,大理的雨季为每年的 5 月到 10 月,旱季为每年的 11 月到次年的 4 月,大理往往在雨季时候迎来旅游高峰期,时常降雨就给导游工作带来了诸多不便。同时,海拔高低悬殊,气候的垂直差异显著。苍山峰顶高达 4100 余米,与山脚海拔之差达到 2000 余米,气温相差较大,巨大的温差不利于导游工作的开展。同时在 2011 年之前,从昆明驶来的火车到达大理的时间为清晨 5 点 40 分,这意味着导游们凌晨 4 点就要做接团准备。每到冬季,清晨的大理更是寒风凛冽,站在火车站出站口等候游客的导游们经常被冻得不住地哆嗦。

与此同时,不同天气系统的影响及季风环流的不稳定性造成了大理州气象灾害较多,常见的气象灾害有大风、干旱、洪涝、霜冻、冰雹等。2010 到 2012 年,云南持续干旱,大部分地区达到特大干旱等级,大理大部分地区同样旱情严重,河流断流,很多旅游地都经常性的停水断电,给整个云南的生产与发展造成了极大的负面影响,而大理旅游业及导游同样难逃此劫。

[1] 资料来源:百度百科"苍山"词频 http://baike.baidu.com/view/28953.htm,搜索于 2012 年 10 月 27 日 19:52 分。
[2] 资料来源:百度百科"大理"词频 http://baike.baidu.com/view/2163.htm,搜索于 2012 年 10 月 27 日 19:52 分。

三、大理的交通条件

大理位于云南的西北部,云南是一个高原山区省份,以元江谷地和云岭山脉南段的宽谷为界,分为东、西两大地形区:东部地区为滇东、滇中高原,系云贵高原的组成部分,表现为起伏和缓的低山和浑圆丘陵;西部为横断山脉纵谷区,高山深谷相间,相对高差较大,地势极为险峻。相对于云南省其他地区来说,大理交通较为便利。

大理机场位于洱海的东南岸,始建于 1995 年,距离大理市 12 公里,通航城市有昆明、保山、天津、西双版纳、成都、广州、贵阳等地。大理火车站位于大理市新城东边的云岭大道,是云南省内旅游铁路专线的重要枢纽,为昆大(昆明到大理)铁路的终点,也是大丽(大理到丽江)铁路的起点,连接着昆明与丽江这两座著名的旅游城市,昆明到大理路程约为 330 公里,运行时间需 7 个小时,车速较慢,所以通往大理的火车有云南十八怪——"火车没有汽车快"之称。大理大型长途汽车客运站有 5 个:东站、西站、南站、北站以及汽车客运站。车站有通往省内比如昆明、丽江、西双版纳等地的省内长途客车,也有开往省外,比如湖南、广西、贵州等地的长途车。飞机、铁路、客运的便利增强了大理的可进入性。同时由于地形险峻、车流量大等原因,大理的交通事故频发,笔者在跟团 10 天内就目睹了两起重大事故(2 人死亡,4 人重伤)。大理导游的生命安全面临较大的威胁。

四、大理的旅游资源

大理是国务院首批颁布的全国 44 个风景名胜区之一,以其秀丽的自然风光、四季如春的气候、深厚的文化底蕴、独特的民族风情闻名于世。

(一)大理的自然旅游资源

大理的自然旅游资源以苍山、洱海闻名于世。苍山洱海自然保护区 1994 年被评为国家级自然保护区,主要保护对象为南北动植物过渡带自然景观、冰川遗迹、高原淡水湖泊及水生动植物。区内具有明显的七大植物垂直带谱,保存着从南亚热带到高山冰漠带的各种植被类型,是世界上高山植物区系最富有的地区,它集自然景观、地质地貌、生物资源与人文历史等方面的特色为一体,在国内比较少见,在国际上也有较高的知名度。[1]

1. 苍山

图 0-1　古城与苍山 [2]

苍山,又名点苍山,素有十八溪、十九峰之美称。山峰平均海拔在 3500 米以上,其中有七座山峰海拔高达 4000 米,最高峰为马龙峰,海拔为 4122 米。由于海拔较高,峰顶的严寒导致峰顶终年积雪不化,即使山下已是盛夏,峰顶依然晶莹

---

[1] 资料来源:百度百科"苍山洱海国家级保护区"词频 http://baike.baidu.com/view/824112.htm,搜索于 2013 年 4 月 18 日 20:04 分。

[2] 拍摄者:李若海,拍摄于大理古城一味茶馆。

洁白,在寒冬时节,更是百里点苍,白雪皑皑。而这经夏不消的苍山雪成为了素负盛名的"风花雪月"之最。大理山河秀美离不开苍山积雪,古今文人为其留下的诗文佳作:黄华老人(元代)的诗碑中写它"桂镜台挂玉龙,半山飞雪天风",[①]杨升庵(明代)说它"巅积雪,山腰白云,天巧神工,各显其技",[②]明朝翰林学士张来仪赞美苍山"阴岩犹太古雪,白石一化三千秋"。[③]溢美之词不胜枚举。

苍山四季苍翠,由下而上形成了幼林草地带、松林栎林带、冷杉杂木带、高山草地带,具有层次分明的高山景观和变化有致的季相景观。[④]山上的花卉繁多,云南的八大名花山茶、杜鹃、报春、龙胆、绿绒蒿、百合、兰花、木兰都能在苍山上找到踪迹。由于苍山气候舒适,植被保护完好,野猪、野牛、鹿、狐狸等动物依然可以偶见其踪迹,是野生动物的乐园。这里既是国家级自然保护区,同时也是著名风景名胜区。1992年,大理州政府在海拔2600米玉带云出处开辟了一条"玉带云游路",这条游览通道南起马龙峰,北至应乐峰,长约18公里,游人至此,可观赏苍山的林泉飞瀑、奇峰异石,同时也可俯瞰苍洱之间壮丽的景色。苍山十九峰,巍峨雄壮,与秀丽的洱海风光形成美丽映衬。

2. 洱海

洱海因其形状酷似人的耳朵,故命名为"洱海",位于大理市区的西北部,是云南省第二大淡水湖。在古代文献中曾被称为"叶榆泽""西洱河"等,素有"银苍玉洱""高原明珠"的美称。在大理白族中流传着一个美丽的传说:在洱海的底部生长着一颗硕大无比的玉白菜,这碧波荡漾风光秀美的高原淡水湖泊就是一滴滴从玉白菜的菜心中涌出来的玉液。所以洱海也是白族人们心中的母亲湖。从古至今,无数高人雅士在此写下赞美不绝的诗文。南诏清平官杨奇鲲在其被收入《全唐诗》的一首诗作中描写它"风里浪花吹又白,雨中岚影洗还清"。洱海的湖水透明度非常高,十分清澈,从空中往下看,洱海就宛如一轮新月,躺在苍山与大理坝子间,自古以来,就有"群山之间的无瑕美玉"的美称。由于大理地处高原,天空湛蓝,蓝天倒映在镜子般的海面上,格外地美。"洱海月"是大理"风花雪月"四景之一,明代诗人冯时可《滇西记略》说,洱海之奇在

---

① 资料来源:百度百科"苍山"词频 http://baike.baidu.com/view/28953.htm#3,搜索于2013年4月24日16:59分。
② 资料来源:百度百科"苍山"词频 http://baike.baidu.com/view/28953.htm#3,搜索于2013年4月24日16:59分。
③ 资料来源:百度百科"苍山"词频 http://baike.baidu.com/view/28953.htm#3,搜索于2013年4月24日16:59分。
④ 资料来源:百度百科"苍山"词频 http://baike.baidu.com/view/28953.htm#3,搜索于2012年10月27日19:52分。

于"日月与星,比别处倍大而更明"。如果是农历八月十五日中秋节晚上,一轮泛着金光的圆满的月亮就会从洱海上升起,人们分不清是天月掉海还是海月升天。不管怎么样,他们都会带着月饼酒水泛舟湖上,欣赏由"天上月""海底月"及海水构成的美丽画卷。关于洱海月还有一个流传在民间的传说,说是天宫中有一位美丽的公主下到凡间,被大理白族人们美满幸福的生活所感动,于是她便留了下来,嫁给了洱海边一位英俊的渔夫。美丽善良的公主为了让渔民们能够捕到更多的鱼,把自己最心爱的宝镜沉入了洱海,将鱼群们照得更加清楚,让渔民们都过上了更加丰衣足食的生活。从此,公主的宝镜就在海底变成了金月亮,它释放的光芒照着大理洱海边世世代代的捕鱼人,于是就有了"洱海月"。①

图0-2 大美苍洱 ②

洱海几乎是到大理旅游的游客必游的一项,尽管平常洱海湖面上波澜不惊,但到了起风的季节,洱海上会激起大浪,巨大的洱海游船也会产生剧烈的晃荡。这给导游的生命安全带来一定的威胁。

(二)大理的文化旅游资源

大理是国务院首批公布的24个全国历史文化名城,素有"文献名邦"的美称。有国家级重点文物保护单位2处,即崇圣寺三塔、太和宫遗址;省级重

---

① 资料来源:百度百科"苍山"词频 http://baike.baidu.com/view/28953.htm,搜索于2012年10月27日19:52分。
② 拍摄者:笔者;拍摄地点:洱海大游船;拍摄时间:2013年5月14日。

点文物保护单位 12 处,即喜州白族民居建筑群、元世祖平云南碑、杜文秀墓等。大理集自然景观、人文景观与民族风情于一身,是海内外知名度较高的旅游目的地,本书选取国内外旅游线路中大理旅游出现频率最高的 3 个景点进行具体介绍。

1. 大理古城

大理古城古称羊苴咩城,原意为"小羊羔可以茁壮成长的地方",意为此地气候良好、草物丰美。大理古城的历史可以追溯至唐天宝年间南诏王阁逻凤筑的羊苴咩城,现在的大理古城始建于公元 1382 年也就是明洪武十五年。整个古城方圆 12 里,城墙高 2.5 丈,厚 2 丈,东西南北均设有门及城楼。新中国成立后,古城的城墙被拆毁,直到 1982 年,政府重新修建了南城门,现在南城门门头"大理"二字是集郭沫若书法而成。1982 年 2 月 8 日,国务院公布大理古城为中国首批 24 个历史文化名城之一。城内从南到北横贯着五条大小街,自西向东纵穿着八条街巷,整个古城呈棋盘式布局。其中最为有名的街巷是有历史的洋人街及新兴的红龙井。"家家流水,户户栽花"是大理古城人们的真实写照,清冽的泉水从苍山流淌而入,穿街绕巷,叮叮咚咚的泉水声不绝于耳;大理古城几乎每家每户都有自己的小花园,各种红花绿叶争奇斗艳,甚是美观。

图 0-3 大理古城 ①

---

① 图片来源:you.ctrip.com

2. 崇圣寺

图 0-4　崇圣寺三塔 ①

　　崇圣寺,又称为崇圣寺三塔,初建于南诏丰佑年间(公元 824—859 年),国家著名 5A 级风景区、全国重点文物保护单位。因其以寺中三塔闻名于世,三塔由三座塔组成,大塔千寻塔先建,南北小塔后建,故塔以寺名,千寻塔与南北两个小塔的距离都是 70 米,呈三足鼎立。千寻塔现存高度是 69.13 米,为方形密檐式空心砖塔,一共有 16 级,是中国现存座塔最高者之一,与西安大小雁塔同是唐代的典型建筑。崇圣寺三塔是云南现存的最为古老的建筑物之一,同时也是国内享有盛名的塔群,1961 年就被列为国家重点文物保护单位。崇圣寺建成之后即为南诏国、大理国时期佛教活动的中心,并有“佛国”与“妙香国”之称。元代名僧念庵就曾题写这样一幅名联“伟哉!具苍洱大观,到此邦才知此地;果然!是古南名胜,非斯塔莫称斯楼”,② 佚名题写的“成古云霄三塔影;诸天风雨一楼钟”③,均道出了崇圣寺的的名塔、名楼大观。可惜崇圣寺的寺院区在清咸丰年间被烧毁,只有三塔保留了下来,现在游客游览的崇圣寺三塔的寺庙区是 2006 年重新修建而成的,整个仿古建筑群落占地 600 亩,总投资 1.82 亿元,整个建筑、彩绘、雕塑风格与寺内清新秀丽的绿化美化,营造出崇圣寺浓厚、庄严的佛教氛围,被称为现代佛教寺院的典范。① 此次重建结束了崇圣寺三塔近百年来"有塔无寺"的历史,形成了塔寺辉映的美丽景观。

3. 蝴蝶泉

图 0-5 蝴蝶泉 ②

蝴蝶泉自古以来就是大理白族人们心目中约会恋爱的圣地。1959 年由长春电影制片厂制作的爱情影片《五朵金花》使它闻名于世。蝴蝶泉坐落在大理苍山云弄峰下,为方形泉潭,有泉水从其底部冒出,泉水清澈如镜,泉边有一高大古树,横卧泉上。据古籍记载,每年到了春夏之交,特别是四月十五日,蝴蝶树盛开花朵,其芬芳引蝴蝶,于是大批蝴蝶聚于泉边,翩翩起舞,最奇特的是万千彩蝴蝶,首尾相接,倒挂蝴蝶树上,形成无数串,一直垂到水面,特别壮观。蝴蝶泉的奇景古已有之,明代有名的地理学家徐霞客游到大理的时候,写下游记热情赞颂了蝴蝶泉:"泉上大树,当四月初即发花如蛱蝶,须翅栩然,与生蝶无异。还有真蝶万千,连须钩足,自树巅倒悬而下及泉面,缤纷络绎,五色

---

① 作者不详:《崇圣寺三塔重大事记》,佛教导航。资料来源:http://www.fjdh.com/wumin/2009/04/16005758557.html
② 拍摄者:笔者;拍摄地点:蝴蝶泉;拍摄时间:2012 年 6 月 12 日。

焕然。游人俱从此月群而观之,过五月乃已。"①尽管近数十年来,由于大理生态的变化,人们已经很难看见美丽的蝴蝶会了,但是蝴蝶泉依然象征着爱情的忠贞,吸引着无数向往爱情的人们。

五、大理旅游业发展概况

据统计,2011 年, 大理接待海内外旅游者 1545 万人次, 旅游业总收入 138.4 亿元,仅 2012 年春节黄金周期间,全州共接待海内外游客 62 万人次,旅游总收入 45920.7 万元。②旅游业已经成为大理的支柱产业。随着旅游市场迅速发展,竞争越来越激烈。近年来大理相关部门根据大理旅游市场的变化,不断调整思路以制定具体的对策,但是大理的旅游业仍处于由自由发展向自觉转变的阶段,许多方面依然还不成熟。

"零负团费"的普遍存在严重损害着大理旅游业。21 世纪初,游客到大理旅游时,其旅游费用一般由大理地接社全额垫付,这种"零团费""负团费"现象,导致"三角债"问题的产生。据不完全统计,截至 2004 年,昆明旅行社欠大理旅行社行业的"三角债"已达 8000 多万元。③为了扭转这种不利局面,大理州政府组建了大理旅游集团股份有限公司,并由该集团牵头控股,大理主要旅行社、景区点、游船航运旅游汽车公司、酒店、购物店及演出公司参股,于 2004 年 4 月启动了"先付款,后旅游"的大理旅游"一卡通"经营管理模式。"一卡通"系统是变旅游"先游后付"为"先付后游"的一种结算模式。以大理为例,上游旅行社交团过来,必须预存全额团款到"一卡通"账户,资金审核通过后,再划拨到各消费点(包括酒店、景点、交通等),大理地接社才开始接团。④

"先游后付"在 2006 年 4 月 1 日之前尚有一些可操作空间——由大理旅游集团股份有限公司借部分款项给昆明组团社,再由后者打到大理旅游集团股份有限公司结算中心。但在 4 月 1 日之后风云突变,大理开始例行"先付后

---

① 资料来源:百度百科"云南大理蝴蝶泉"词频 http://baike.baidu.com/view/21446.htm,搜索时间:2013 年 4 月 24 日 17:03 分。
② 王晓云:《旅游业实现高增长高效益高人气》,《大理日报》2012 年 2 月 17 日。
③ 龙锐、世家财:《导游"唇尖"上的产业》,《云南经济日报》2012 年 10 月 29 日。
④ 龙锐、世家财:《导游"唇尖"上的产业》,《云南经济日报》2012 年 10 月 29 日。

游"不成文的规定——昆明组团社如果不事先付钱,大理拒绝接待。①昆明中游社②的财务紧张和经营困难,导致昆明的中游社对此大为不满,于是大量减少发往大理的旅游团,而把旅游团直接发给临近的丽江和香格里拉旅游目的地,给大理的旅游业发展和旅行社经营造成致命的影响。经过交涉,双方达成了共识:若大理的地接社想要接昆明中游社的团队,就必须由地接社先把该旅游团在大理旅游期间的团款存入大理旅游"一卡通"系统中,在约定时间内中游社和地接社再做财务结算。这就等于昆明的中游社把组团社带给他们的风险转移到了大理的地接社身上,也就等于大理的地接社先把大量现金从自己的左口袋拿出,通过大理旅游"一卡通"系统又放回自己的右口袋,不过钱的数目不相等,因为旅游"一卡通"要收取管理费用。

从 2004 年到目前为止,大理旅游行业依然实行的是"一卡通"经营管理模式,但其内容已发生了部分变异。大理于 2006 年对洱海游船、古城、蝴蝶泉和崇圣三塔 4 个景区进行线路整合,实行套票制③。这种套票制一直延续到现在,其中经历了由一种套票演变为 A/B 两种套票④,现在再次演变为一种套票,即 A 线行程套票(包括崇圣寺三塔、蝴蝶泉及游船)。套票价格从最初的 210 元调整为现在的 170 元。其中最实质的变化发生在导游身上。导游在其中经历了三次大的"风暴":第一次"风暴"是由于垫付团费压力巨大,大理旅行社于 2010 年参与购物回扣分成,使得导游的佣金缩水到之前的三分之一,并且从非定点购物到定点购物;第二次是 2011 年大理旅游局出台相关文件严打导游诱导游客购物,严禁导游提取高额的购物佣金,导游的购物返点霎时间降到了游客消费额的 2%~3%;这样的境况以第三次风暴——导游以"不上团"的形式进行集体抵抗而告终。三次"风暴"之后,大理旅行社逐渐将垫付团款的压力转嫁到导游身上,导游要接团就必须垫付该团团款,旅行社再根据购物回扣及组团社返款给导游报销,而地接社常以各种理由不给导游报账或拖欠导游团款。垫付团款——这副沉重的"担子"最后还是压在了导游身

① 陈鹏:《大理旅游的"捆绑销售"之争》,新华网云南频道资料来源:http://www.yn.xinhuanet.com/reporter/
  2006—05/29/content_7118639.htm。

② 中游社:从外省组团社发来的旅游团须经过昆明旅行社才能与大理地接社进行联系,这一部分旅行社对
  于大理地接社及省外组团社来说就是中游社。

③ 外界称之为"捆绑销售"。

④ A、B 套票:A 套票包括洱海游船、古城、蝴蝶泉和崇圣三塔四个景点统一为一张套票;B 套票包括洱海游
  船、古城、蝴蝶泉和天龙八部影视城四个景点统一为一张套票。

上。

目前大理旅游市场依然遭受着"零负团费"的危害,处于不规范运行的状态。

图 0-6 大理 A 线行程套票 [1]

(一)大理旅游集团股份有限公司的始与末

笔者:大理旅游集团股份有限公司是怎么成立的,现在又是什么样的情况?

W:在 2006 年成立大理旅游经营公司(大理旅游集团股份有限公司)之前,都是由我们地接社支付游客在大理站的团费。成立公司之后,如果昆明旅行社要派团下来,必须先把团费交过来以方便制卡。昆明就窝火了,一年多后就开始疯狂起来了,让大理旅行社给他们返款。"三十年河东、三十年河西"可以用来解释这种情况。

笔者:这个运营公司成功运营一年多之后又解体了,是为什么呢?

W:之前我们都是做团人,营业执照、经营许可证什么的都有。合并这个公司,大方向是好的,但是好处没有落到做团人身上,全部落到了领导身上。当时是按照市场份额来分成,比如说你平均一年接待了 5 万人,他平均一年接待了 10 万人,这样的话,份额就不一样。合并之前是这样说的,但是合并之后,就没有了分红。真正从中得到实惠的只有部分领导,正是由于这种原因,这个旅游经

---

① 拍摄者:笔者;拍摄地点:崇圣寺三塔;拍摄时间:2013 年 5 月 16 日。
② 访谈对象:W 计调;访谈地点:计调办公室;访谈时间:2013 年 5 月 14 日。

营管理公司就分化了。②

(二)大理"赌团"的起源及现状

笔者:大理"赌团"是怎么发展起来的呢?

W:大理从 2009 年就开始存在了赌团现象。2008 年之前,我们旅行社都是按照成本来操作,每个游客身上有 10~20 块的利润,旅行社并不参与购物分成。从 2009 年开始,大理随着大风潮进行赌团,没有办法,各组团社使劲压价,我们要接到团必须参与他们的赌团。在大理,赌团又始于购物点,每个购物点的返佣不一样。刚开始的时候,购物点的返佣是返给导游和司机的,一人一半的样子,大概的情况是比如当时客人买了 100 块的东西,返给导游和司机 30%,导游和司机各得 15 块。逐渐演变到返 40%、50%,甚至更高,(不同商品与不同店家)返佣的点都不一样。2009 年最开始赌团的时候,大约是赌到 100 元一个人。

笔者:这是什么意思呢?

W:这是说如果接待这个人的成本是 1000 元,组团社那边只要给我 900元,我就会接。后来逐渐赌到 200 元/人、300 元/人……现在的情况更加严重。

其实 2005 年成立大理旅游经营管理有限公司(大理旅游集团股份有限公司)的时候,当时的旅游市场还是相当规范的,有专门的调车平台,比如说我明天需要用什么车,把传真信息发给他们,他们就会安排好我明天的用车。住宿方面有酒店协会,还有导游协会,当然当时的导游协会不是很完善。各家的导游还是在各家带团,有时候两三家旅行社的导游会归拢在一起安排团。刚开始的时候,还是相当规范。那个时候导游有工资、有保险,那个时候相当好呢!

笔者:当时导游的工资具体是什么情况呢?

W:当时也是保底工资吧,大概就是 500 左右,工资不是很高,但是有这么一个形式。

笔者:为什么这个大理旅游集团股份有限公司没有继续下去呢?

W:这个我也不是很清楚。后来又是各个旅行社接各自的团,当时还没有出现赌团。但是出现了一种返款的形式,就是我这边成本是 1000 元/人,昆明旅行社给我这个团款,我到月底的时候返给他 15 元/人。后来为了"抢客户",你返 15 元/人给他,我返 20 元/人给他……后来返到了返 100 元/人,形成了恶性竞争,演变成了赌团。现在的赌团是这样的一种情况,按照客源地及年龄段,将团质分为 ABCDE 五类,像 40~50 岁就是最好的年龄段,而山西、河北、内蒙古这些就属于 A 类团质,而最差的就是广西、西藏。按照客源地的不同,赌的金额不一样。一般客源地的散客已经赌到了 1000 元/人,如果是 A 类,可能就赌到 1700 元/人左右。这是怎么赌到 1700 元/人的,我算给你听。假如说你(组团社或中游社)给我一个游客,我的成本是 1000 元/人,你不给我一分钱,我还要倒返给你 700 元/人。目前我们这些做团人的心是相当地疲惫,非常不愿意看到这一种局面。

笔者:我还以为你们旅行社有一点乐在其中的感觉呢!

W:咋可能?我们都是很不情愿的!像以前在旅游经营管理有限公司(大理旅游集团股份有限公司)的时候,就是现在的科技大楼,以前做团人多少啊?从 6 楼一直到 12 楼。当时有 100 多个办公室。现在只有五六个办公室,电话都不会响一下。其实我们现在都已经相当地疲惫,不愿意这样去操作,只是没有办法。①

(三)大理导游垫付团款的演变过程

笔者:团款的垫付好像在开始的时候并没有落到导游的身上,现在却要求导游垫付团款,这其中是一个什么样的演变过程呢?

W:2009 年以前大理实行的是一卡通,由旅行社制卡,里面包括了景点、团餐、住宿费等。导游带着游客去走景点、吃饭住宿等只需要刷这张卡就行了。但是这个卡有一个弊端,就是如果在带团过程中出现了人数的更改,它就不起作用了,不能多刷也不能少刷,不好操作,所以就取消了。现在就用银联卡,就比较方便了。因为用卡的是导游本身,所以很自然地就由导游来垫付这个团款了。②

六、大理导游人员管理现状

(一)大理导游管理机构

大理州目前采用的导游管理模式主要是全国通用的旅行社管理,还有极

---

① 访谈对象:W 计调;访谈地点:计调办公室;访谈时间:2013 年 5 月 14 日。
② 访谈对象:W 计调;访谈地点:计调办公室;访谈时间:2013 年 5 月 14 日。

少一部分采取导游服务公司管理。从旅行社管理现状来看,由于大理州乃至全国的旅游市场的不规范,"零负团费"已经成为大理旅游业内普遍操作的模式。为了降低风险,旅行社将部分费用转嫁到导游身上,要求导游垫付团费,否则就请导游另谋高就。尤其在导游市场供过于求的情况下,旅行社施加给导游的压力越来越大。从导游服务公司管理现状来看,导游公司管理模式是现代导游管理的一种比较普遍的方法,大理的大部分导游均属于大理导游服务有限责任公司管辖。导游服务公司负责导游的档案管理及党组织关系管理、岗位培训等。旅行社通过导游服务公司选择合适的导游,一般来说,旅行社与导游之间只有使用关系,没有聘用合同关系。[①] 一旦旅行社和导游合作过一次,就可以将导游服务公司抛之脑后了,并且导游服务公司对此情况无行之有效的措施,时间一长导游服务公司自然无法发展。

(二)大理导游管理机制

大理导游管理机制现状可以从四个方面进行分析:

一是导游人员资格管理机制。大理州实行全国通用的导游人员资格考试制度,学历要求仅为高中、中专及以上。取得资格证书后,每年通过大理州旅游局开展的导游资格年检即可,而目前的年检制度也仅仅是收收钱、走走过场而已。而导游的初、中、高等级之间划分不够细致,考核方式也很不合理。

二是导游的薪酬制度。大理州的导游人员基本上都是地陪,并且以兼职导游为主。大理州的兼职导游薪酬主要是由回扣和少量小费构成,无社会福利。2011 年之前,大理导游必须上交 5～10 元 / 人的"人头费",2011 年后"人头费"逐渐取消。但是"零负团费"操作在大理正如日中天。为了生存,导游必须诱导游客消费,获得回扣。

三是导游人员的处罚和激励机制。目前大理州的导游处罚和激励完全适用国家旅游局自 2002 年 4 月 1 日起在全国范围内全面推行的导游计分制管理,启用新版导游证 IC 卡制度。同时适用《云南省旅游条例》和《云南省旅行社和从业人员管理暂行办法》。对于导游人员的激励机制,目前,大理州对导游人员的正面激励仅仅只是口头表扬或给予某种光荣称号,并且能够获得此

---

① 勤文:《新模式解决导游"三无"大理州导游服务公司率先规范导游管理》,云南网 http://travel.yunnan.cn/html/2009–07/16/content_676347.htm2009 年 7 月 16 日。

种激励的导游是凤毛麟角。

　　四是导游员的监管机制。目前,大理州对导游员的监管主要通过年审制度、扣分制度。监管人员包括旅游行政管理部门、导游服务公司、旅行社以及旅游者四方面。然而,由于导游活动具有较强的个体性、复杂性和灵活性,旅行社监管存在一定的难度;目前实行的游客意见反馈表在很大程度上只是一种形式。旅游管理部门及导游服务公司尽管可以通过检查、年审等方式进行监督,但毕竟不是全程跟踪,可能发现的问题也很有限。游客会因为在旅行途中不敢得罪导游或旅游即将结束、已经离开旅游目的地等原因,而不愿花费太大精力去追究导游的违规行为。在这种外在约束机制不健全的情况下,受利益驱动的导游人员的违规行为难以避免。①

---

① 作者不详:《大理旅游二次创业背景下对导游人员管理的意见和建议》,资料来源:http://wenku.baidu.com/view/e510f12f647d27284b7351a5.html

第一章
导游 H 的生活史

H，女性，出生于 1986 年，身高 150cm，体重 40kg，旅游管理本科毕业，性格开朗乐观、思维敏捷、头脑灵活、炒得一手好菜，导游经验两年，现在是大理一家小旅行社的兼职长线导游①。H 究竟是一个什么样的人？笔者与 H 相识成为好友已经足足有 7 年时光：4 年的朝夕相处，3 年的电话与 QQ 交流，笔者自认为对她的成长史、恋爱史以及导游史等知之甚多，但真正让笔者着手写她的生活史，却感觉似乎无从下笔。于是，在笔者重回大理的第三个晚上对她进行了生活史的访谈。本次研究应导游 H 要求，不能对她进行拍照和摄影，所以本书中涉及 H 本人的资料图片较少。②

对导游 H 生活史的描述意在通过对日常生活中 H 及 H 周围人和环境细节的观察、记述与访谈，从微观层面展现 H 对事物的认知、意义的理解、现象的解释以及面对问题的态度及处理问题的方式。

第一节　出生：贫困山村

一、初识：节俭乐观

H 出生于云南普洱市一个偏远而贫困的小山村。小小的个子，黑黑的皮肤，玲珑有致的身段，还有一头长及腰际的黑发，一直以来她都喜欢和大家炫耀她身上最显著的特点——一头长而顺的黑发："纯自然的噢，从来都没有化学元素污染过喔！"她常常会在大家的惊叹中收获满足。确实，现在还有多少女大学生没有在美发店弄过头发呢？所以，H 是一直了解自己优点的人并会在合适的时候加以发挥。

初识 H 是在笔者进入大学的第 2 周。当时的 H 与笔者都是旅游管理专业的大一新生，与笔者同专业同年级不同班级。开学初因为宿舍调整，笔者被分配到了她们班宿舍，照她的说法是："你不是一般（一班）的人，但是住在一般（一班）的地方。"笔者有点喜欢她的小幽默。

当笔者搬进 H 宿舍那个下午的晚饭时间，从她热情邀请笔者一同去食堂

---

① 大理导游分为长线导游与短线导游，长线导游一般指的是两日游导游，短线导游即为一日游导游。
② 若无特意注明，本书中所刊登照片均为笔者拍摄。

打饭的那个时刻开始,可能就注定了要与H有一段很深厚的朋友情谊。大学4年,我们有着共同美好的回忆:一起在校园篮球场上挥汗如雨,身高仅有150厘米的H,一场球打下来,成绩永远是最漂亮的,而比她高出十几厘米的笔者,在球场上永远是她的大个子跟班。校园美景甚多,我们带着相机,臭美地摆着身姿,一起记录下我们青春的身影;每逢大小节庆或者舍友生日,我们都会出去甩开膀子大吃一顿,当月光洒满整个校园时,我们爬着坡儿,唱着歌儿,摸着胀得圆鼓鼓的肚子,载着欢笑归来;我们宿舍正对面是男生宿舍,如果敞开窗户,宿舍内"风景"即被对面男生一览无遗。尽管被看光光的风险是如此之高,H依然可以随性地穿衣脱裤,我们总觉得不好,总是制止她:"别这样,太危险!"她不以为然,按照她自己的说法是"看得到,摸不着;摸得着,拿不走;拿得走,养不活!"H是宿舍6个女生中胆子最大、作风最豪放、笑容最夸张的一位。但是在整个宿舍6个女生里,她的衣柜也是最空荡的,一年四季仅有很少的几件衣服轮流着穿。她说很感激一位女同学,因为那位女同学把自己某些不穿的衣服送给了她,让她大学生活里增添了不少色彩。

二、出身:家境贫寒

笔者始终记得2007年寒假结束后返校,H从家里带来了一罐她自己腌制的酸菜,她的手艺笔者至今都想念。H说她7岁就会腌制酸菜。当笔者对其味道赞不绝口时,她却说:"连续让你吃上三四个月,天天吃,你会感觉怎么样呢?"她说她的成长道路上伴随着酸菜的味道,满满的酸菜味。

都说穷人的孩子早当家。H说:"我7岁开始给家里人做饭菜,因为年纪太小,个子太矮而够不着灶台,只能踩在小板凳上炒菜;上小学时候,因为学校离家里太远并且山路不方便,只能带着一口小圆黑锅、几斤米到学校去打地铺,路途遥远一周只能回家一次,用一个小罐子带着满满的一罐酸菜吃上一整周,因为别的菜放久了容易变味。别的小朋友还可以买点小零食改善改善生活,而我的口袋里一分钱都没有;有时候因为下雨捡不着干柴火,只能吃半生不熟的米饭。"笔者曾经以为缺衣少粮、吃不上肉的艰苦生活离我们"80后"这群幸福的孩子已经很遥远,但是这一切却都那么真实地发生在H身上。H说仅有26岁年纪的自己却经历了别人三辈子的艰辛与痛苦,因为贫穷而遭遇的磨难丰富得可以写成一本书了。记得在校时，H 曾经说过："虽然今天的我与你一样坐在这宽敞明朗的教室里，每天拿着同样的课本上下课，我们做着几乎同样的事情，但是我们的昨天却是完全不一样的。你们湖南衡阳是鱼米之乡，而我出生的地方却贫穷到你没有办法想象的地步。"从那以后，笔者知道 H 曾经生活在与笔者完全不同的世界，对她曾经的生活世界也很是好奇，曾经还打趣说："有机会的话，我要将你的经历写成一本书！"但是，没有想到真有这么一天，笔者会以她为报道对象来进行笔者硕士论文的写作，有机会真正了解她曾经的生活环境与内心世界。

毕业以后，笔者到广西攻读硕士学位，H 在大理做起了导游。听说笔者想以她为主要访谈对象进行"导游"方面的研究，H 说："来吧！陪吃陪玩陪调查，我这次是属于你私人的全陪！"在 H 的盛情邀请之下，离开大理数年的笔者，再次回到大理。于 2012 年 5 月 30 日晚开始了对导游 H 生活史的访谈与记录。

1986 年的春天，我出生在思茅市(现在的普洱市)一个很偏僻的小山村，当我出生的时候，家里已经有 6 个孩子了。没有多少经济收入的家庭，要养育 7 个孩子，你可以想象到底有多艰难！当时家里主要经济作物是稻谷、玉米和少量的烤烟，因为家里人口多，所以几乎没有余粮出售。有时候好不容易攒了些米粮，想到集市上去卖掉换点钱，从我家到镇上得走 4 个小时的山路，为了能够早点到集市，让米粮卖个好价钱，我爸爸很早很早就要启程，差不多深夜两点多就要出发，因为是崎岖不平的山路，所以得步行，背着那么重的米袋在微弱的手电光里，一步一步去换那区区几十块钱。

当时家里真的很穷啊，我记得最清楚的是，当看见别的小朋友吃着两毛钱一份的酸辣凉粉，我多想吃啊，闻着那酸辣味，我口水都不知道流到哪里去了。但是我只能看着偷偷地咽口水，因为我没有钱买。我还记得 6 岁时，喜欢上了一把小小的牛角刀，真的是特别喜欢，喜欢到心坎里去了。我想让妈妈买给我，说我想削铅笔、想削果吃。无论我怎么说，可我妈就是不给买，我就说我自己到田里捡鸭蛋卖，但是两毛一个的鸭蛋，一块钱一把的牛角刀，得 5 个鸭蛋才能凑齐这个钱，可是到哪里去捡这 5 个鸭蛋啊。①

_____

① 访谈对象:H;访谈地点:H 租房内;访谈时间:2012 年 5 月 30 日。

H邀请笔者去大理做这次调查之前在电话里对笔者说:"什么事情都可以陪着你,除了逛街。"笔者知道,对她来说,逛街等于一种精神上的折磨。大学4年里,我们拥有很多美好的共同回忆,但是"一起去逛街"这样的记忆却是屈指可数,笔者一直无法理解。在后来的访谈中,笔者才知道H为什么那么讨厌逛街。她说:"一直以来家里真的是太穷了,我从小几乎就没有穿过买来的新衣服,我的衣服都是妈妈用大人不要的衣服改成的;我不爱逛街,是因为我的生命里从来没有用来买衣服的钱。跟着别人屁股后面去逛街,看着别人一件件将喜欢的衣服都买下来,而我却连一件都买不起。这样穷的感觉很难受。"

图1-1　H出生的小山村　①

第二节　求学:充满艰辛

与H相识6年有余,尽管笔者与H是好友,但其实对她在大学里的生活方式一直不能理解:宿舍里生活方面最困难的一个,是她;每天起床最晚的一个,是她;最懒、最不爱学习的一个,还是她。当笔者清晨6点多起床去背读英

---

① 拍摄者:H;拍摄时间2014年3月11日。

语时,她此时睡得正香;当笔者看完一上午的书去食堂吃午饭的路上,总能碰上拿着饭缸、睡眼惺忪的她;当笔者在教室奋笔疾书时,她往往正在球场上挥汗如雨。笔者一直以来都无法理解:为什么她不好好学习?这次,笔者终于有机会把这个疑惑"亮"出来与她坦诚相见。H 说:"因为学费、因为生活费、因为家庭关系等,真的是太多事情了! 一大堆的破事使得我整个大学都不能沉下心来好好读书。同时,我明白家里也没有钱供我读研究生,所以我也不想把心思放在读书上。到毕业的时候,只能算是个合格的大学毕业生,而算不上是优秀。"这一刻,笔者才真正开始了解做了 6 年好友的 H。

　　从小学到初中,我的成绩总是最好的,大伙儿都说这姑娘脑瓜子很灵活,奖状整整贴满了我的床头。记得有一次,我拿了学校的一等奖,学校奖励了我一个硬皮的笔记本,那时候这是多么地珍贵啊! 我拿回来之后,妈妈也很开心,但是我爸爸只是扫了一眼,冷冷地说:"读得再好也没有用,读完初中就不能再读了。"

　　我听完以后,所有获奖后的兴奋都化为了乌有。

　　等我读到初中要毕业的时候,家里就不让我读书了。我爸爸和我说:"父母老了,家里穷,没有钱供你了!"我知道家里的情况,但是我真的很想读书,我不想自己一辈子在穷山沟里待着,不想一辈子像爸妈一样、像身边的邻居一样、像我其他亲戚一样,过着日复一日、像个机器人一样的生活,过着完全看不到希望的日子! 初中毕业的那年 9 月份,我妈妈偷偷地告诉我在县上还有个表姨妈,如果我硬是要上学的话,我可以到她家去借住。于是我一个人背着一点衣服,带了点路费(临走时,妈妈塞给我 60 块钱),一分钱学费都没有带就去了县里上高中。当时我的心里压力很大,家里三天两头让我退学,除了我妈妈,其他所有的兄弟姐妹都不支持我上学,掌管经济大权的父亲不给我钱交学费,不给我钱吃饭。我只能在我表姨妈家蹭吃蹭住,因为没有办法。而我这个表姨妈对我很不好,她家里的家务活几乎都让我包了,还时常给我脸色看。我整个高中三年没有睡过一次午觉,我要给她家里生火做午饭;用我小小的肩膀挑起一担担重重的水桶,一次次爬上高高的楼梯,当时我的个子才 140 厘米不到呢,体重也才只有 30 多公斤;傍晚下课回来,我还要给他们全家洗衣服……或许古代的丫鬟都没有那么累吧! 可是我没有办法,我想在她家住,我想在她家吃饭,我只能拼命去做。长期承受着巨大的身体与心理压力,加上我们那儿的教学条件也不好,尽管我很努力,但是我第一次高考的时候失利了,我没有考上本科。当得知了这个消息,我整个人都要崩溃了!我一个人躲在柜子里,整整哭了一天。但我想走出去,走出这个穷山沟沟的欲望却没有磨灭,平静之后我想到了补习。家里人是连高中都不让我上的,哪里还会让我去补习呢?幸好我三姐给了我点钱让我至少有了去补习的生活费。所以在6个兄弟姐妹中,我最感谢的人是我三姐,这份情谊我永远都不会忘记!

千辛万苦终于考上了大学。上大学的4年也是很不顺利。我的学费是贷款的,贷款的过程说起来也是异常曲折。尽管我可能是班里最为贫困的学生之一,但当时申请(贷款)的时候,可能是因为我没有别的同学那么能够"哭穷"吧,那些逛街一次要花上四五百买四五件衣服的同学都能够申请到贷款,但是像穷得吃饭钱都要算计的我却没有申请到贷款名额。家里没有钱给我交学费,这边我又没有申请到助学贷款,交不了学费。大学的前三年最最害怕的事情就是到了期末,老师们一次次的找我,一次次的和我说:"你要是再不交学费,你的期末就没有成绩了!"尽管我害怕得不行,但是我还是没有办法交出学费来。幸亏老师们都很好,最终还是给了我成绩。大一、大二和大三那3年间,学籍科跑了无数次,终于到大三把助学贷款给拿下来了!闹腾了整整3年,学费的事情才算有个着落!学费的事情算是解决了,但是住宿费和生活费同样是庞大的一笔开支,大学4年里我每一次和家里要这笔钱,都要大哭一次。①

第三节 幸福:T 的到来

2007 年 T②考取中国公费留学生,从 U 国到中国求学。T 的出现就像是一缕灿烂的阳光照进了 H 灰色黯淡的生命里。

大一下学期,因缘巧合,H 认识了一位在迪庆藏族自治州工作的男生,开始了她人生中的第一段恋情,她倾注所有感情的初恋却伤她极深。H 与那男生分手的那段日子里,几乎无法正常学习与生活。笔者依然清晰记得那段时间里 H 的悲痛欲绝。就在 H 最失意的时候,T 出现在了她生命里。用 H 自己

---

① 访谈对象:H;访谈地点:H 租房内;访谈时间:2012 年 5 月 30 日。
② T 是 H 男友,U 国人,2007 年考取中国公费留学生。

的话说:"从此,我从地狱到了天堂!我从来没有想过出国这样的事情,更没有想到我的另一半可能会是个外国人,但是生命的境遇就是这么的奇妙。"

2007 年 9 月,T 考取了中国公费留学生到中国留学。从 U 国到达中国的当天下午,T 就在 U 国老乡的带领下到学校体育馆玩乒乓球,而我与朋友刚好在上乒乓球课,球台上的几次较量让我认识了这群来自异国、比我们低两个年级的学弟,他们当时来的时候语言不通也不认识路,说想去下关(大理州府所在地)买衣服,但是没法沟通,所以我们自告奋勇地做他们的向导。当时纯粹就是因为认识,他们需要帮助而没其他中国朋友,而且他们非常有礼貌。我们陪着他们买衣服、买鞋子,他们晚上请我们吃烧烤,就这样慢慢地熟悉起来。

那时候他还不懂得汉语,我们沟通只能依靠一些简单的英语和丰富的肢体语言,但是要发短信什么的,就只能完全用英语了。现实交往的需要极大地提高了我的英语水平,同时我也教教他汉语。现在想想,当时我们算是对彼此很有益处的一对朋友了。他追了我三四个月,我才接受他。当和他慢慢相处之后,我才发现他真的是个宝。他有强烈的社会公德心,素质特别高,如果他走在马路左边,发现马路右边有个未熄灭的烟头丢弃在地上,他一定会想办法过马路去将这颗烟头踩灭,再捡起来扔进垃圾箱里;同时他是个非常勤奋的人,尽管他是留学生,但是在他们班里,他的毕业论文是唯一的优秀毕业论文,别人都是合作完成毕业设计,他却是独立完成的。在大学 4 年里,可以说没有浪费任何时间。他的爱好特别广泛,会好几个国家的语言,喜欢音乐,喜欢武术,并且都算是有所成就的,同时对我也特别体贴,真的是个很好很好的男朋友。

我们很相爱,却是异国恋,T 妈妈觉得我们两国的文化背景不同,极力反对我们在一起。T 是一个非常孝顺的孩子,他说他不能不要他的父母,他们为他付出了太多,但是一边他又深爱着我,没有办法离开我,所以夹在中间很为难。记得有一次,他妈妈逼着他与我分手,我们如她所愿分手了,我觉得整个世界都塌了,那天半夜,他也疯掉了,从学校打车下来,我们抱着哭成了一团。

我非常感谢 T,他的出现使我的生活从地狱变成了天堂。他真是一个完美的男人。①

---

① 访谈对象:H;访谈地点:H 租房内;访谈时间:2012 年 5 月 30 日。

第四节 兴趣:篮球和麻将

大学 4 年,笔者记忆最深的是 H 在篮球场上跳跃飞奔的身影:1.5 米不到的小个子,十分小巧也十分灵活,那身手连 1.8 米体育系的男生都愿意臣服,笔者自然从来都是她的手下败将,但也乐意与她混迹篮球场。H 说:"篮球,给我带来了很多快乐。"除了篮球,H 还有两个特别的爱好:打麻将和插花。

初中的时候学会了打篮球,还参加过比赛拿了奖,到了高中,就更爱玩了。别人压根儿想不到,我这么小的个子,篮球竟然可以打得这么好。那时候没事干,就天天抱个篮球在球场混,那时候的日子真是舒心啊!我觉得篮球让我更加自信。因为身上没有钱,日子是天天难过的,得算计着花,一日三餐都得算计着吃什么菜才能最省钱。但是在运动场上,我是最开心、最神采飞扬的。①

麻将是大二学会的,学会以后就爱不释手了。大二的时候,因为宿舍新搬来的同学老邓很喜欢打麻将,同时也教会我打麻将,宿舍刚好有 4 个人都会打麻将,所以经常在一起玩,到了大三就已经很喜欢打了。我要抓紧最后在中国的这几天,好好地过过麻将瘾。主要是现在有这个氛围,现在房东天天过来喊我打麻将,所以我才打的,我以前也是打的少。等到了 U 国,忙于找工作忙着生活,哪里还有时间打麻将呢?也没有个氛围了,再说 T 也不喜欢我打麻将,他在的时候,我几乎不碰麻将。②

一直都很喜欢自然的味道,喜欢花香溢满整个房间。80 块钱一大束的鲜花,是有点奢侈,所以常常只能把想要的鲜花放在脑海而不能摆到自己的房间。但是最近我买了很多鲜花,买了花瓶,爱上了插花,一大束鲜花可以带来满满的春天气息,还是觉得挺值得的。当然,爱好是需要钱来支撑的,最近财运不错才让自己买得起这束花。我从来没有靠过男人,当然买花还是自己买咯。③

---

① 访谈对象:H;访谈地点:H 租房内;访谈时间:2012 年 5 月 30 日。
② 访谈对象:H;访谈地点:H 租房内;访谈时间:2012 年 5 月 30 日。
③ 访谈对象:H;访谈方式:电话;访谈时间:2013 年 4 月 18 日。

第五节 性格：急躁和情义

H 对自己的评价是"性格活泼开朗、做事利索、脾气急躁、知恩图报并且疾恶如仇，是一个性格特征比较分明的小个子女生"。

一、性子急躁

"我觉得我这人呢，尽管脾气不好，但是人好。我脾气怪是怪一点，但是人是特别好呢。我不发火的时候，多(很)温柔多(很)好处，但是我发起火的时候，你肯定会怕，你没有见过我发火。你要是去问问我妈妈我是怎么发火的，你就知道了。但是在平常呢，我给人的形象就是温文尔雅、温温柔柔的，其实我的性子比谁都急，你也是知道我急起来的时候不得了。说话语速快，能是温柔的人么？"①
H 与笔者说，其实语速快些是件好事，在做导游讲解的时候，可以在有限的时间里为游客讲述更多的东西，游客能够接触到的关于大理的人情风俗就可以更丰富，要是语速慢的话，还没讲几句话游客们就得下车了。

二、诚信做人

2013 年 4 月 25 日，游客已经满意地签完了意见单，这标志着 H 的此次带团任务已经完满结束。但是 H 还要为游客去做一件事情：她答应其中一位游客为他购买蝴蝶泉的蝴蝶标本。游客意见单已经签完，意味着 H 这个任务已经结束，并且在旅游团结束后，去蝴蝶泉买标本所用的花费都是由导游 H 自己掏钱，有些导游说 H 没有必要再回去或者干脆就不要去了，不要再接那个游客的电话或者对那个游客说是有事走不开。但是，H 认为这是自己答应游客的事情必须要做到，因为游客购物让她得到了回扣，"花一天的时间还有上百元的打车费用，去实现一个对游客的承诺。"这份感激之情是她想要表达的。②

---

① 访谈对象：H；访谈地点：H 租房内；访谈时间：2012 年 5 月 30 日。
② 访谈对象：H；访谈方式：电话；访谈时间：2013 年 4 月 26 日。

笔者:现在马上要到火车站了,才来了第一辆火车,我们来早了!

H:那是火车晚点了。

笔者:早知道火车晚点,我们多睡会儿多好啊!

H:那火车没有晚点呢? 所以不管火车晚点还是不晚点,我们都最少得提前20分钟,首先要联系司机,看他具体什么时候能到,提醒他的同时也了解车子停靠的位置,到时候就不用领着客人到处找车了,节省时间也能让游客顺利上车休息。千万不能让游客等导游! ①

三、难舍亲情

H 对亲情有很复杂的心情。她家 7 个孩子,5 个姐姐和 1 个哥哥,她最小,本该是家里最受宠爱的一个, 可事情却不尽如此。笔者很清楚地记得大学 4 年里,H 每一次从家里人拿两三百元生活费都要大哭一场。每逢春节,其他同学的爸爸妈妈很早就盼着自己的孩子早点回家团聚,可 H 的妈妈却打来电话:"你回家过年也过不上一个好年,你哥哥也不待见(喜欢)你,你要是不想回来就别回来了吧! "

当笔者问H:"现在对家人的情感怎么样?"她眉宇间微微皱起,似乎有些犹豫,用缓慢的语气说道:"很难说,以前就觉得和他们之间的感情都没了。他们说话特别难听,还不讲道理,对他们,我心里充满了怨恨。那些年,我在学校里日日为学费担心,天天为生活费发愁;回到家里又是个个这样逼我,不论我做什么,她们都看不顺眼,不论我说什么,她们都听不顺耳。我好几个姐姐家里特别富裕,过年时候我姐夫买炮庆祝新年就花了将近 1 万块钱,他们一个人要是能够一个月给我 50 块,都够我一个月的生活了。但就是没有钱供我上学。" H 诉说这些时,脸上少了些气愤,多了些平静。她说,现在懂事了,自己也工作赚钱了, 对于哥哥姐姐当初那样的行为也似乎能够理解:"现在我自己独立了之后,才知道钱难赚,要把自己辛辛苦苦赚到的钱拿出来肯定特别地不情愿,这样设身处地地想想,所以在一定程度上也能够理解他们当时的心情。现在每次回家,我能够用自己攒下来的钱给他们买些礼物,甚至对他们来说是贵重的

---

① 访谈对象:H;访谈地点:大理火车站广场;访谈时间:2012 年 6 月 1 日。

礼物,比如玉石、银器。去年给我哥买了一部新手机。这两年我明显感觉到他们都开始对我好了,对待我的态度、与我说话的语气都与以前不一样了。以前我站在那里,没有人看得见我,现在她们眼里也能看见我这个人了。很多时候我觉得我们家兄妹、姐妹之间的这份亲情不是依靠血缘而是依靠金钱来维系的。不管怎么样,对于现在他们对我这般的热情与友好,我还是开心的。主要是现在我有 T 这么真心爱着、疼我的人,而我要求不高,导游的工资虽然不高,但是我容易满足,所以也算不愁吃喝。对于某些东西也没有那么在乎了,但是要做到完全不在乎是不可能的。"

H 毕业做了导游后手上有些余钱,她说这些钱增加了她的家人对她的情感,这是一种幸福也是一种心酸。不管怎么样,她说她愿意用自己辛辛苦苦赚来的钱给她"买"来那份她一直渴望却一直让她失望的亲情。据笔者了解,2012 年春节,她回家过年几乎花掉了她一半的积蓄,但是她觉得很值得,因为那是记事以来,她过得最开心的一个春节。

四、最重爱情

遇到 T 是 H 生命中的一个转折点,她说"那感觉就是从地狱到了天堂"。T 让 H 换上了美丽而欢喜的模样。T 比 H 小两岁,却很早熟,热情大方,心思细腻,把 H 照顾得无微不至。H 说:"我们在一起将近 7 年了,但在我眼里,T 依然是完美男人,我找不到他的任何缺点,能够得到这份爱情我很觉得很幸福很幸运!"

"你对爱情是怎么看的?"当笔者问出这个问题的时候,H 狠狠地白了笔者一眼:"这个问题,你还要问我吗?"她说笔者问了一个很白痴的问题。但是笔者坚持让她再讲讲。

我对爱情一直都非常憧憬,非常向往,觉得爱情是件非常浪漫的事情。我想有个相互爱着的人,彼此关心、爱护,如果没有这个的话,就感觉过不下去了。但是我家 T 哥哥一点都不浪漫,花才送过一次。不过我家哥哥是很可爱的,有一次我生日,他在古城买了个 8 块钱的小蛋糕和一瓶 5 块钱的爽口酸葡萄酒,邀请我去古城一块儿庆祝,我们还拍了好多照片呢!上次,当我快要过生日的时候,他还在自己的 QQ 空间上发表说说:"我家妹妹后天就要过生日了!"尽管花钱不多,但是他的心意让我很感动。

现在做导游的日子,虽然很难,但是我现在在大理过得比以前要舒心多了,我可以自己赚钱,想买啥买啥,想吃啥吃啥,一个人吃饱全家不饿,我又是一个很爱睡觉的人,而大理这样的气候真的是太适合我了,如果可以我真的想在这里待一辈子。可惜的是,这样的日子以后只能存在想象中了。①

当 H 说起这些的时候,满脸满眼的遗憾,但是眼神里却又透露着一种坚定。因为 T 家庭与事业方面的原因,T 大学一毕业就将回到自己的祖国去,H 也即将离开家人、朋友和她日渐熟悉的导游行业,离开中国,去守候她的爱情。

---

① 访谈对象:H;访谈地点:H 租房内;访谈时间:2012 年 5 月 30 日。

第二章
H 进入导游行业

在丽江一家酒店实习的半年时光成了 H 挥之不去的噩梦。酒店,在她人生的字典里已经被解读为"禁锢心灵与身体的地方",她不愿再进入酒店行业。而导游现场模拟课的老师对她现场导游能力的充分肯定与同学们对她投射的充满赞赏的目光,激励着她加入导游的队伍。

第一节　噩梦:酒店实习的日子

　　H 本科所学专业为旅游管理,该专业主要有三个就业方向:一是旅行社;二是导游;三是酒店。大三即将结束的那年 7 月份,大家迎来了实习季。取得了导游资格证的同学们一般都去了大理或者昆明的旅行社实习,而其余的同学有两种选择:一是作为酒店实习服务生,去与学校有合作关系的酒店实习;二是自己自主选择实习单位。H 在大三时第一次参加导游资格证的考试,尽管很努力准备,但是没有通过考试。到了实习季时,没有导游证也没有社会关系的 H 只能选择了丽江一家与学校有合作关系的酒店实习。

　　到了实习的时候,很多考过了导游证的同学都去旅行社做起了导游,也有一部分同学去了酒店做服务生,我就去了丽江的 Q 酒店。刚开始进去的时候,是在餐厅做服务生,当时是最辛苦的时候,需要做早餐时,我早上 4 点多就得起来,等着厨师将早餐做出来,我们一个个地都摆好了,之后等着客人过来吃,客人吃的时候,我得捧着咕咕叫的肚子,毕恭毕敬地站在旁边时刻准备着为他们服务。

　　两个月后,我去了客房部,每天基本上都得做 12 间房,那些领班啊还有经理啊,对我们这群去实习的学生是最大程度的利用和无尽的刁难!那 5 个月的日子,岂是"辛苦"两个字能够形容的?简直都是猪狗不如的日子!工资 1 个月才400 块钱,他们还经常找茬,扣我们钱。比如,如果发现垃圾袋里有丢弃的牙刷或者矿泉水之类的,我们没有检查出来,发现 1 次,就要被罚 10 块钱,因为这些东西是需要回收再利用的;吃得也是很差,只有到传统节日的时候,才能吃到鱼、鸡肉。厨房的大妈打菜也很不公平,记得过中秋节,好不容易有鱼吃,和我同去的同班同学都只吃到了鱼骨头,因为我们是外地人!中秋节连鱼都吃不到,这就是我们的伙食。在客房部的时候,如果领班对我们做的房不满意了,我们得一遍一遍地打扫直到他们满意为止。本来1个月可以有4天休息的,对辛苦后的休息时间,我们多么地期待!可是经常到了该休息的时候,酒店总是以工作繁多、人手不够为由,不给我们休息。但是没有办法啊,人在屋檐下哪有不低头的。

我本来就不胖,结果实习5个月就瘦掉了五六公斤,整个人都显得非常的消瘦。每天不停地做房已经很辛苦了,回到宿舍好几大本的导游证考试书籍摆在床头,得看啊!很多时候,我得在凌晨1点以后才能休息。我那么坚强的人,还是忍不住天天哭。可能是因为做酒店行业实在是太辛苦了,我更加坚定了要取得导游证的信念。

5个月后,实习终于结束。当时我从Q酒店出来的时候,只有一种心情,那就是"在地狱生活的日子终于结束了,我终于还算是健康地走出来了!终于迎来了美丽的阳光!"那一刻我的感觉是:让我再在酒店多待一个小时都觉得要喘不过气来了!

做酒店的苦日子让我坚定了做导游的信心。①

第二节　潜力:是做导游的料子

导游行业是旅游管理专业就业的三大方向之一,旅游管理专业针对这一方面开设了导游基础知识、导游业务、导游英语等相关课程。在导游业务课程中,任课老师设计了"现场导游"的实践环节以增强学生现场导游能力。

当时我们准备考导游证,导游专业课老师给我们做培训和预演。那次我们进行的是现场导游的训练,上课的主要方式是老师在PPT上演示一些著名景点的图片,让我们直接进行现场导游,游客就是台下的同学。当到了最后的一幅"雷峰塔"的时候,老师问:"谁来?"我站了起来:"老师,这个我来!"我站起来是想锻炼自己,其实我对这个雷峰塔压根儿没啥了解,我根本就没有看过啥'新白娘子传奇'(后来听同学说我才知道雷峰塔是用来干啥的),但是我就是根据我

---

① 访谈对象:H;访谈地点:H租房内;访谈时间:2012年5月30日。

自己对这幅图的理解,开始了我的导游。现在我记得清楚地记得开头是这样的:"山有山的高大伟岸,水有水的温婉柔美……",中间部分的内容主要围绕山水及周边风景的介绍以及从这山水中引申到男人和女人之间的情感牵绊,我最后一句是"试问我们班的女同志谁看见了身边的那座山,而我们班各位男同志谁能像山一样做一个麦田守望者呢?"当时我一讲完,台下的掌声就热烈地响起来了!而我的老师满脸兴奋地说:"这才是真正的现场导游,这才是一个做导游的料!"就在那一刻,我就坚定了走导游这条道路的信念![1]

7月毕业季一到,成功"拿下"导游资格证的同学们纷纷去旅行社带团,没有"拿下"导游资格证同学很多都去酒店行业,准备从酒店基层服务生做起,开始谋求发展。对H来说,似乎也就只有做酒店与做导游这两条路,在Q酒店做服务生的那段日子给了她断然进入酒店行业的念想,而老师对于她现场导游能力的肯定,让她更加坚定了进入导游行业的信念。大四即将结束时,H通过认真的复习,终于"拿下"了全国初级导游资格证书,成功开启了她进入导游行业的"大门"。

---

[1] 访谈对象:H;访谈地点:H租房内;访谈时间:2012年5月30日。

第三章
导游遭遇的生存困境

笔者依据导游 H 与其他导游的遭遇及自身跟团感受,将导游遭遇的生存困境分为四个部分并用导游 H 自己的语言原原本本的来展现:"尊严都没了""身体也搭进去了""尽力工作了,还得倒贴钱"和"再干两年,我就转行"。

第一节　"尊严都没了"

　　旅游是一项关联性非常强的活动,涉及住宿、餐饮、交通、游览、购物等多个环节。对游客来说,导游就是旅行社的代表,只要吃住行游购娱任何一个方面出现了问题, 游客都会将责怪的目光投向旅行社的唯一代表——导游身上。而对于可能出现的各种各样的突发状况,导游只有在一定范围内的协调权而没有决定权,有时候很难满足游客的要求,一旦导游不能满足游客要求,某些游客便会不分青红皂白将所有的不快发泄在导游的身上,损伤导游自尊心甚至侮辱导游人格的事情时有发生。同时由于导游行业中的某些导游不注重洁身自好,媒体对于导游群体中个别的害群之马大肆宣传,造成了社会对导游群体普遍认可度低。

一、游客:自以为是

　　带团最不舒服的就是:你在上面讲得兴致勃勃、眉飞色舞,车上的游客丝毫没有反应,要么是玩手机,要么就是睡觉,或者是看着窗外神游太虚。不管导游是给游客们唱歌还是讲笑话,他们都是一副置身于事外的样子。遇到素质高的客人,不论讲什么他们都是很开心的,面对这样的游客,我讲解的也自然会更多,也愿意多讲讲更有趣的风俗。但是如果是一伙懒得搭理我的游客,我的脑子里有时候就空白了!我做完最基本的讲解,也就没有再与他们聊天、讲解的欲望了。其实我觉得导游与游客是相互的:你开心我开心,因为你开心的情绪可以感染到我;你不搭理我,我也懒得搭理你;你丝毫都不尊重我,我要怎么把你奉为上帝呢?

　　很多游客外出旅游时根本不把导游放在眼里, 觉得自己交了旅游团的费用,已经包含了他在外旅行的一切费用,包括了导游服务费,所以什么事情都可以叫导游做,导游应该为他们提供所有他们要求的服务,比如端杯上茶、洗碗拿筷等。很多游客完全不尊重我们,与我们说话之时很多采用命令式的语气。我带团遇到很多游客仗着自己有钱,趾高气扬,对我颐指气使。很多时候我觉得你不买东西没有关系,但是他总觉得你导游就是骗子,你就是时时刻刻要掏我钱的那种,不管你说什么,他要么不听,要么就是在你讲解的时候,冷眼看着你,当你说得兴致勃勃的时候,冷冷地来上一句:'你就尽忽悠吧!'这时候,你心里会怎么想呢?你难受不难受呢?面对这种情况,你是继续讲解下去还是闭口不说话呢?但是你是导游,你必须得讲下去!不管心里多难受,你都得讲下去!当旅游车司机停车给车加水,顺便让游客们上个厕所时,有些游客甚至问"我上这个厕所一块钱,你们能够拿多少提成啊?"这个时候,我气得心都痛了!人与人相处都是凭心交往的,但是很多游客却自以为是,完全漠视我们、完全不尊重我们,这让我们很难受。①

在笔者跟团的过程中,确实观察到很多游客对导游的态度非常冷淡甚至口出不逊。笔者跟团不止一次遇到这样的情况:导游站在旅游大巴前热情介绍本地的风土人情,有些游客却只自顾自地大声打电话;甚至有些游客会用一些很难听的词语大声驳斥导游所讲解的内容,比如某些游客为了彰显自己的见多识广,大声贬低导游:"你讲的这些都不是真的,我以前来过,我知道这些东西,你讲的都是假的!"当笔者私下询问该游客的伙伴,他告诉笔者,该游客并没有到过大理。

当游客抱着一种完全不信任导游的态度出游,对旅途中导游提供的服务都抱着不接受、对导游的讲解都采用驳斥的态度,这样的心态不仅无法使游客获得放松身心的出游目的,还可能使导游情绪低落,使得整个团队的游客得不到更好的导游服务质量。尽管很多游客对导游是尊重的,但依然有很大一部分旅游者正抱着对导游全然不信任的心态在旅行。

二、司机:嚣张跋扈

大理的旅行社普遍都是中小型的,没有能力购买或者供养不起自己的旅游车队。在没有自己的旅游车队或者旅游车数量不足的情况下,旅行社会与

---

① 访谈对象:H;访谈地点:崇圣寺三塔;访谈时间:2012 年 6 月 5 日。

旅游交通集团进行合作。目前大理旅行社与旅游交通集团之间的合作主要分为两种方式：第一种是干包。干包是旅行社直接支付旅游车司机全部的车费，司机不再参与购物的分成。第二种是分成。分成是旅游车司机参与游客购物消费所返回旅行社的佣金分成，具体的分成方式细分为两种：一种是旅行社支付司机最基本的出车成本费，比如用车3天，支付费用300～500元给司机，同时参与分成，一般比例是3%～5%。另一种是旅行社支付司机较高的车费，司机参与少部分的分成，一般比例是1%～2%。

如果司机与旅行社的合作不是干包，导游的服务就会直接影响到他的收入。如果他觉得你不行(导游能力不行)，有些司机会直接不让你上他的旅游车，或者在半途中，当着全部游客的面，将你赶下车。有时候，你要是出单①不好(游客消费少)，某些司机甚至会骂导游。我以前在那个办公室(旅行社)的时候，特别怕师傅(司机)，因为我是新导游，我怕自己讲不好会被师傅骂。我最记得有一次，接了个团，我还蛮注意的，到了火车站，我首先就是去找车想与师傅打个招呼，以表示对他的尊敬。看到他，我很热情和师傅打招呼："师傅，你好，今天是我们一块儿带这个团，希望你多多照顾。"没想到那个师傅横了我一眼，冷冷地说："你行不行？你要是不行的话，我是不让上车的！"当时我好紧张，整个导游过程都紧张，生怕自己做不好司机会当着游客的面骂我。②

2012年6月8日，笔者跟随导游L的团，中午与导游L、导游H及导游L旅游车的司机在吃午餐时，导游L所在的旅游车司机对导游L说："你今天讲得不好，完全不在状态，讲得前后都不连接……"导游L没有说什么。事后导游H对笔者说："司机这样和导游讲话，很可能引起导游与司机的争吵，你可能没听出来，这个旅游车司机是在嫌弃导游L今天讲得太不好，所以才导致今天这个团没有好好地出单，是在责怪导游使得司机的收入少了。不要看这些司机和导游说话的时候像是聊天一样的，其实表面风平浪静，底下却是波涛汹涌的！"

---

① 出单指的是游客的消费情况。"单"指单据，游客消费的凭据。
② 访谈对象：导游M，女性，26岁，地陪经验1年，组团社导游经验1年。访谈地点：H租房内；访谈时间：2012年6月18日。

某些旅游车司机对导游特别是新导游的态度恶劣甚至不让导游上车的这一行为,从戈夫曼的戏剧表演理论可以得到理解:如果表演者会挑选那些有能力达到表演效果的可靠之人作为剧班成员,那么,在招待客人的家庭表演中,孩子经常被排斥在外,因为儿童的"举止"很难使人放心,他们的行为稍微不节制就会破坏了大人们正在竭力构建的印象。① 为了使得整个"表演"更为成功,旅游车司机会偏向于与更有能力带好团的导游合作。这种情况同样存在于计调与导游、全陪导游与地陪导游之间。刚进入导游行业的新导游必须经过很长一段艰难的适应期。

三、计调:为所欲为

"现在大理的旅行社几乎都是在负团费或者说零团费的情况下运行,赔着本让游客过来大理旅游,而旅行社将所有赚钱的押注都押在了导游出单上了,如果导游出单不好,那么旅行社就得赔钱,出单出得好,旅行社就赚了,司机的境地也是一样;所以,当所有的人都把押注都放在你身上的时候,你的压力就大了! 出单出好了,导游你只有一部分的功劳,大部分算是旅行社的团质好;出单出砸了,所有的人都怪你,怪你导游能力不足。出单出好了,旅行社给你面子,让你继续带团,让你有团带,甚至带好团;出单出不好,你就等着被旅行社踢出去吧! "H说,导游被旅行社扫地出门是太正常不过的事情了。隐形的被踢(不给导游派团)还算好的,计调骂导游甚至直接将导游赶出旅行社的情况也是较常见的。

(一)恨之入骨

我这辈子从来没有这么恨过一个人。我活了20多年来,从来没有碰到这样的人,从来没有人这样地说过我、那样地伤害我。这个人就是我之前待的旅行社的计调。首先,她在我整个带团工作中指指点点,说我这样不好、那样不好。她在旅行社做的是计调工作,但是让我们导游接团却往往是临时通知我们,并且什么接团信息都不给我们,住什么酒店,吃的什么标准团餐,什么样的车型,只是

---

① 〔加〕欧文·戈夫曼:《日常生活中的自我呈现》,冯钢译,北京:北京大学出版社,2008年版,第78页。

打电话告诉我们有这么一个团,大概是什么情况,接着就给我们一个几乎空白的行程单,让我们自己去填写,自己联系,自己问客人多少人,几点的火车,什么要求等,几乎是我们把她调的工作全给做了。并且她还和H这样说我:M这个人处不成,太难处了。我在她家带团,她让我接什么团,我都替她接,但是她却挑团给我带,什么学生团、老师团,赚不到钱的团都是派给我的。

我记得那次走A线(行程为:大理古城、天龙八部影视城、蝴蝶泉、洱海大游船、P购物店),必须一天里就要走完所有的行程,时间相当紧凑,特别地赶,特别地辛苦。按照计划我们这个团队要在下午3点左右到达P购物店,因为这时候的P购物店[1]游客最多,买卖的气氛也是最好的。但是那天下暴雨啊,路上堵车,一堵车就是3个多小时。当时我是又累又饿,因为导游工作餐特别难吃,我中午压根儿没吃几口,捧着咕咕叫的肚子还得安抚游客情绪。当时我给计调打电话告诉她这个情况,我说:"你看这个情况,现在已经快7点了,就算现在走,我们达到P购物店的时候,P购物店肯定已经很冷清了,差不多要到关门时候了。"我问她是否我还有必要下去。当时我是在询问她的意见看看是否有必要下去,因为我的考虑是:我要是下去的话,按照行程计划在P购物店我应该与游客及旅游车挥手道别,等大伙都走了,而我一女孩子大半夜在P购物店,前不着村后不着店的地方,我该怎么办?我要去哪里睡?尽管我心里这么多害怕,但是计调说:"你要下去!"我二话没说,还是去了,不管我今天是否能够回得来,我都去了。到了P购物店门口,客人说他们是不进店的团,都不愿意进去。当时我才知道,这个团队明明是不进店的团,计调偏偏让我操作成进店的团。这边的游客满脸满眼不信任我,个个都在那里发火:"不进!凭什么让我们进店?不进!"当时我已经整个人累得快要垮下来了,我必须强撑着和他们说:"我也没有办法,我现在也是好累好累的,旅行社逼着我让你们进店,麻烦你就当配合一下我的工作了。"

就因为不可抗力因素,我晚到了P购物店,同时游客没有进行消费,计调就到处和别人说:让M带个团这里不进那里不进,屁都不懂!把我骂得一文不值。这本来已经够让人气愤的了,但是后续还有。这个团我垫付了所有游客的餐费,等账报下来,我去查的时候,发现给我打进卡里的钱少了这一笔钱,我打电话过

---

① P购物店:大理一家规模较大的玉石购物商场,该商场玉石相较于其他地方较为便宜,质量较好,与大理多家旅行社均有合作关系。

去问她:"姐,麻烦你替我查下,我这边是不是还有一笔餐费您没有算进去。"当时我在电话这边听见那边搓得麻将响,知道她肯定是在打麻将了。当时她口气特别大,说:"你要是不相信我做的账,你自己去财务查就是了!""啪"地一声把电话挂掉了。我的火多大啊,被气炸了!

后来,我结了那个团的账就走了,从此再也没有进过这家旅行社的门。[1]

(二)论关系派团

H所在旅行社仅有2间简陋的办公室,3位工作人员:旅行社经理、计调员、财务人员。与导游直接发生联系的一般只有计调人员与财务人员,联系较多的工作人员是计调。计调负责旅游团的分派等直接关系导游利益的工作,权力较大。一般来说,导游和计调是一种合作与互惠互利的关系,导游每次出单,一般来说计调可从中提取分成1‰~3‰,不同旅行社有不同的规定。如果导游出单好,那么计调的收入也会相对高些,所以计调也相对于会把好的团派给能够出单并且出好单的导游来带。如果计调与导游之间私下有交情,那么该导游将可以从中获利良多,这种情况对于其他导游来说显然不公平。2013年7月,H从所在旅行社退出,原因即:该旅行社换了一位计调,而该计调所重用的导游全是自家的亲戚,导游H只能带那些被其他导游挑拣过的、团质较差的旅游团。

笔者在田野调查中接触到了大量的导游,问及她们对于所在旅行社的看法,得到更多的是负面评价,焦点所在是旅行社计调。H说:"令导游满意的旅行社主要具备四个原因:一是报账的速度很快,不拖欠;二是不管是好团还是差团都是轮流着来带,没有什么偏见。当然对我个人来说,带小团更为细心些,更适合带小团,尽管大团更赚钱,而旅行社偏向于给我小团,我也是没有怨言的;三是计调能是正正经经的好计调,没有一些花花肠子,人正派一点,我们就不会到处跳槽了。四是不管导游出单是好还是不好,都不会骂人。毕竟我们导游自己也想尽自己的最大能力出单啊!我以前待过的好几个旅行社,都让人恼火得很。最郁闷的是我朋友,当时因为有几个团没有出好单,在办公室把我那个朋友整整骂了半个小时,最后说你没有这个能力带团,以后你不要在我家带团了,把我

---

[1] 访谈对象:导游G,G为旅游管理专业本科生,28岁,女性,在云南腾冲带团。访谈地点:H租房内;访谈时间:2012年6月18日。

朋友气得要死。"

笔者了解到,由于旅行社参与"赌团",每接待一位游客,光是接待成本,旅行社就得垫付 1000 元左右。计调 W 表示并不是所有的大理旅行社计调都难处(不好交往),只是目前大理的导游很多,但能够出单的不多,旅行社及计调的压力都太大,所以没有办法对导游"仁慈"。

四、全陪:颐指气使

地陪导游和全陪导游的不同职责、不同目标决定了她们对待游客不同态度。全陪是组团社派出的导游,全程负责游客的吃住行游购娱,负责与地接的沟通。如果游客有什么要求一般向全陪提出,全陪再与地接沟通,让地陪落实游客的要求。地接主要负责讲解以及在当地吃住行游购娱的落实。某些全陪导游会依仗全陪导游的权利对地陪导游颐指气使。

因为是旺季,那天早上游客到达大理火车站的时候,大车都被派出去了。无论我怎么与旅行社协调,旅行社实在是调不出车来了,所以给我这个团派的车少了一个位置。我把这个情况向游客和全陪解释并道歉了,游客倒是没说什么,可是全陪偏偏就不干了!使劲地跟我闹,我一边被她骂一边一遍遍地和她解释,一边让旅行社再协调,后来旅行社派了一辆小车过来,算是解决这个问题了,游客们都不说什么了,全陪还一个劲地在那里说。但是我有什么办法啊,旅行社又不是我家的,旅行社本来已经安排好了,后来又变卦,除了尽量去协调,我一个小导游能怎么办啊!

全陪一整天命令我做这个做那个,被她折腾了整整一天。到了晚上,我们推蝴蝶之梦。[1]全陪对我和司机说:"放心,在我的游说下,不说全部的人,百分之九十的人都会去看的。"我和司机都超开心的,想想啊,辛苦一天了,晚上可以赚到钱了啊!没有想到,最后才 10 个人去看,把我们和司机都气得要死。

到了晚上,好不容易安排游客们都睡下了。我也回到自己租的地方,快睡下之后,她给我打来电话,说客人房间潮湿,希望换房间。我问他是哪间房间需要

---

① 蝴蝶之梦:大理大型梦幻歌舞剧,共分为五场:序、洱海明珠、三塔香云、苍山叠翠、蝴蝶泉边,内容丰富,表演精彩,受到各方好评。

换,她就是不说房间号而是让我过去。换个房间,屁大点儿的事,我给酒店服务员打个电话就可以解决的事情,今天我已经累了一整天了,何况我明天还有要上团,哪里有地方去浪费精力啊。我郁闷伤了(非常郁闷),我和她说:"你不告诉我是哪间房间,你让我叫服务员怎么去找?找谁?"我实在气不过了。

其实不论是对比我大还是年纪小的人,我都是非常礼貌接人待物的,但是这次我实在是没有办法了,尽管她已经是30多岁了,我却没有拿礼貌来对她,因为她的行为实在是让我抓狂了![1]

H说:"与地接社一起参与赌团的组团社派下来的全陪,很多都会对地陪进行干涉,比如你要推什么,不要推什么,你要讲什么,不应该讲什么。这是最容易引起地接的反感的。我们希望得到的指点是'游客们会对什么感兴趣'等。"

目前正在做全陪的导游M对全陪所处位置做出解释:"如果全陪没有服务好游客,那么以后这个组团社想做与这批游客同一个系统的团,可能就没有了,这个业务联系可能就断了,还有就是很多旅游团成行的时候,游客的团款其实是只交了一半,另外一半在行程全部结束之后才去收的,所以如果全陪服务太差什么的,可能这一半的团款就比较难了。对于全陪来说,她有时候宁可游客不消费,也不希望因为游客购物而导致后面的团款难收,所以两者的目标是不一致的。当然也不乏组团社与地接社联合一起赌团的情况,如果是这样的话,两者的利益目标会更大程度地接近一致,地陪和全陪之间也就目标一致了。"

全陪与地陪主要存在两个方面的冲突:一是利益分配不均,地接社导游利用本地导游的便利性私吞全陪导游的部分分成;二是地接导游希望游客购物,全陪为了尚未收取的团款及未来的业务进行阻止。归根结底,全陪与地接矛盾产生的根源依然还是利益问题。

五、对象:有色眼镜

笔者谈到"导游找对象"的问题,导游H的好友——导游G很有感触,她与笔者说:"负面的社会舆论对导游名声影响非常大,导游在找对象的时候可能会被

---

[1] 访谈对象:M;访谈地点:H租房内;访谈时间:2012年6月15日。

别人对方看不起。我同事也是大学生,去年交了个男朋友是云南某大学毕业的,现在在昆明一家医院做医生。两个人在一起都半年了,但还是关系不清,并且每次这男的参加朋友聚会也从来不带着她,我同事的姐姐就让妹妹去问这个男生怎么定位两人的关系。我同事问的时候,男生却支支吾吾,说得不清不楚。后来分手的时候才知道这个男的嫌弃我同事是导游,怕她给他丢了面子。"这就是导游在社会生活中遭遇到的"找对象"的困境。笔者在跟团空闲时与旅游车司机聊天,提到导游找对象难的问题,司机说:"现在导游在人们眼里就等于是'油条和骗子',谁家愿意娶这么一个媳妇回去啊? 要是我,我也不愿意要这样的媳妇! "

　　导游 D① 说去相亲时,她坦诚地与对方说自己是导游,结果那位男士来了一句"你长得不像导游啊! "导游 D 说有一种哭笑不得的感觉。似乎在大众的眼里,导游几乎都长着一颗无比狡猾的心和一张无比奸诈的脸。

　　G:听说我们经理是一个作风特别不正的人,旅游界的风气就被这样的一些人搞得乌烟瘴气! 像我们的司机就不敢和我开色情玩笑,因为我这个人给人的感觉就是特别的正气。

　　M:肯定是有导游给司机开过先河了,不然的话,司机是不敢的。

　　G:我听一个导游讲给我听,她有个朋友带团到芒市,因为那个团没有怎么消费,司机也是参与赌团,导游觉得没有让司机赚到钱,心里可能觉得有点过意不去,就和司机说她会用另外的方式来补偿司机。

　　M:就是这样,有些导游太随便,有些导游又很拽。对待司机师傅应该礼貌和尊敬,让司机觉得每个导游都是这样的,其实作风正派、人品好的导游比那些随便的、素质差的导游多太多了。

　　H:这就是清水和浊水理论了,你把几滴浊水放到一盆清水里,这盆清水就不再清澈了,在这盆水了,能看见的只是浊水而不再有清水了。②

　　《导游人员管理条例》规定:"导游人员享有人格尊严不受侵犯的权利。"③

---

① 导游 D 为大理导游,年轻女性;访谈地点:从鹤庆到大理的火车上;访谈时间:2012 年 6 月 14 日。

② 访谈对象:H、M、G;访谈地点:H 租房内;访谈时间:2012 年 6 月 17 日。

③ 杨梅红、高鹏等:《<旅行社条例>所透视的导游薪酬及对策》,《太原大学学报》2009 年 9 月 30 日。《导游人员管理条例》于 1999 年 5 月 14 日国务院第 263 号令发布,自 1999 年 10 月 1 日起施行。

但在现实生活中这 17 个字执行起来却是何等地难！H 说："这所谓的'条例'所规定的权利，根本就是空话！"

第二节 "健康也搭进去了"

导游是一项需要高体力消耗的工作，风吹日晒、舟车劳顿对导游来说是家常便饭，许多男性导游为之牺牲了自己的身体健康，而女性导游则还赔上了自己的美丽容颜。H 说："很多时候我们得凌晨四五点就得起床接团，当晚上安排游客一切妥当之后，我们可能得到深夜才能休息。每接到一个团，我们就处于 24 小时准备随时待命的状态。一个人得负责几十个人的吃住行游购娱，随时准备应对可能发生的突发事件，神经绷得紧紧的，精力与体力的消耗可能达到身体能承受的最大值。几乎每个导游多多少少都有胃病。很多时候为了照顾客人吃饭，自己都吃不上一顿饭，由于我们一直都在一个固定的餐厅和固定的地方吃饭，饭店为导游准备总是那几个菜，看着根本没有食欲，当安顿好游客休息，回到家里的时候，早已经没有做饭的精力和吃饭的欲望了。"

一、出团：风雨无阻

诸多网页和文章介绍大理气候时，大体都是这么描述："大理属低纬度高原性季风气候，季节变化不明显，常年温差较小，没有特别明显的严冬酷暑，拥有'长春无夏，春秋相连'的美称。"但是，大理的气候却不总是那么的舒适宜人，据笔者在大理四年的生活经验，其气候还呈现出另外三个特点：一是"一雨成冬"。即使是在炎热的夏天，只要一降雨，气温就会迅速下降十几度。人们的穿着从短袖直接"升级"到棉袄；但是出门在外的导游哪儿去找棉袄呢。二是"变化无常"。大理有民间谚语"大理的天，小孩子的脸，说变就变。"上一秒是晴空万里、艳阳高照，下一秒就可能乌云密布、倾盆大雨，这样的天气给导游出行带来了诸多不便。三是雨冷风大。大理素有"风花雪月"美称，但是大理的导游却不喜欢这个下关风（大风以大理州府所在地——下关镇为著，所以叫下关风）。百度云"其风期之长、风力之强为世所罕见"，大理的大风期可长达 35 天以上,其平均风速为每秒 4.2 米,最大风速可达 10 级。夏秋稍小,冬春尤大,可谓终年不停歇。风力最强之时,成年人都无法站稳脚根,在冬春天时寒风直接浸到骨子里,冷得人直打哆嗦,若刮风时下雨,导游根本无法握住伞柄,就算握住了伞柄,身上照样会被风拍打进的冰冷雨淋透。H 向笔者介绍:"对我们来说,淋雨是最经常的事情。冬天的时候,冷得受不住也没得办法。因为带团淋了冷雨而感冒生病,我都记不得多少次了,一年下来,光是吃药打针都不知道花了多少钱。很多时候生病了都没有时间上医院,只能自己随便买点药对付,经常一感冒半个月都难好利索。"

笔者:下关风那么大,冬天带团的话,多冷啊!

L[①]:去年 3、4 月的时候,那段时间太辛苦了。凌晨 4 点就要起来了,当时的风大啊,特别的冷。特别是火车站广场上,没有任何遮挡风的建筑物,风就是直直的吹进身体里,实在是冷啊![②]

二、带团:病累坚持

(一)带病坚持

笔者到大理与 H 送走了第一个旅游团后,H 就得了重感冒。即使头晕、浑身无力甚至咳血等都没有阻止她出去带团。

刚挂完吊针的 H 接到旅行社的派团电话,即使喉咙连说话都在疼,一双小手也因为输液青肿了,二话没说就答应接团。因为本来就生病又没有好好休息,医生说明天还得继续输液,但是第二天 H 带团回来却没有按照医生的嘱咐继续去小诊所输液,她说实在是带团太累了,都没有力气走路。结果第三天,整个感冒更加的严重了,头晕得走路甚至都摇晃,但是为了赚钱,H 没有停止带团,第三天早上导游 H 早上吃了根火腿肠,咽下了几片感冒药就出发了。[③]

带着重感冒、忍受着喉咙咳血的不适还坚持带团的导游,还会遭遇一个

---

① L 是与 H 同在一家旅行社带团的男性导游,大理宾川人,34 岁,导游年龄 5 年。
② 访谈人物:L;访谈地点:鹤庆导游司机休息室内;访谈时间:2012 年 6 月 4 日。
③ 资料来源:笔者日记;时间:2012 年 6 月 8 日。

难以处理的问题就是游客要求导游唱歌助兴。笔者跟团到大理新华村，H 准备与游客们挥手道别，一位女性游客坚持要求导游 H 唱歌。

　　女游客：导游，你给我们唱首歌吧！
　　导游 H：非常不好意思，我这两天身体特别地不舒服，主要是嗓子，天天输液都不见好，讲解还行，但是唱歌的话，可能真的就不行了。就把这个任务交给丽江的导游，好吧？
　　女游客：你昨天说今天唱的。唱个白族歌吧。
　　导游 H：今天我的嗓子真的是疼，下次你们来，我一定好好给你们唱几首歌好不好？
　　女游客：不好，现在就唱！①

　　即使 H 反复说自己正在输液，嗓子非常不适，希望大家能够体谅，但是游客们没有表现出一丝关怀与怜惜。导游 H 没有办法，用咳血的嗓子、硬着头皮给游客们唱了两首歌。据笔者了解，这次导游 H 的扁桃体炎持续了将近 1 个月，几乎一有空就去输液，但由于持续带团，过度使用嗓子，输液的时间隔断，导致喉咙的情况越来越严重直至整个扁桃体都成了紫黑色。

　　为了照顾游客，特别是当游客发生突发状况时，导游们常常顾不上自己而时常弄丢东西，外套、伞和水杯是最经常被弄丢的物品，当游船上吹起了冰冷的海风时，弄丢衣服的导游只能挨冻。

(二)旺季更吃不消

　　旅游淡季时很多导游长时间都接不到团，特别是新导游，甚至连续一整个月都接不到一个旅游团，H 说："闷得发慌，急得脸上痘痘都直往外冒。不知道什么时候才有团带，有时候感觉看不到头，看不到希望！"但是，一到旅游旺季，导游却又处于供不应求、疲惫作战的状态。

　　H：在旺季的时候，连续 30 天都有团给你带，但是一两个团下来就够导游

---

① 被记录对象：H、女性游客；记录地点：旅游大巴；记录时间：2012 年 6 月 14 日。

们受的了,女性导游持续接上两个团就可能坚持不了了,男性导游也是连着带3个团就会吃不消了,做导游真的是件体力活儿。

L:男导游比女导游体力要更好一些,但是让我连续带上3个团,我身体也吃不消。特别是当团队质量差的时候,就忍不住抽点烟、喝点酒,这样嗓子就更不行了![①]

导游G[②]说,有时候游客行程里含有洱源温泉项目,她得待到凌晨1、2点才能够回去休息,因为导游得等所有的游客都享受够了、满足了、想回房间休息了,她才能跟着他们一块儿回去。本来白天带团已经很辛苦了,半夜"熬着"那种的滋味就更加难受。

三、饮食:缺乏规律

2012 年 6 月 5 日、6 日,笔者跟团纪实:

时间:2012 年 6 月 5 日

天气:晴朗

闹钟在清晨 5 点 30 分准时响起,H 一如起跳的弹簧般从床上站起,笔者有点感慨"与大学时候,那么爱赖床的 H 可是两般模样!"6 点多一些,我们梳洗完毕,H 准备了一个美丽而精致的妆容,带上自己制作的 H 标志物"小旗子"(棍子上方挂着一块耀眼红色方巾或者一个蝴蝶挂饰)、专属小喇叭,6 点 10 分走出家门,穿过曲曲折折的小巷,我们在尚还冷清的街上找到了一家卖包子的店面,笔者买了两个包子,H 说太早了,味觉还没有"醒来",现在不想吃。半个小时后,我们接上了游客,安排好游客们用餐之后,H 用 20 分钟解决了自己的早餐,她说,导游们都会在游客用餐的地方就近的小米线店吃上一碗 5 块钱的米线,而这碗米线是导游们今天最好的一顿了。

按照行程安排,上午的行程是大理古城与崇圣寺三塔[③],导游安排好游客们

---

① 访谈对象:L;访谈地点:鹤庆新华村司导休息室;访谈时间:2012 年 6 月 14 日。

② G 为旅游管理专业本科生,28 岁,女性,之前在大理带团,目前在云南腾冲带团。

③ H 所在旅行社将游客行程设计为 A 线与 B 线两种。A 线行程是:第一天:大理古城、天龙八部影视城、蝴蝶泉、洱海大游船;第二天将游客送下丽江,途径 P 购物店时,以"参观"的名义带领游客进去购物,购物结束后再与游客挥手送别。B 线行程则是将天龙八部影视城替换为崇圣寺三塔,将"平民线路"速升为"豪华线路"。

用餐后,H与司机在餐厅专门开辟给导游与司机吃饭的"司导就餐专区"吃饭,这些与旅行社有合作关系的餐厅对于导游与司机的饭食安排一般采用的是自助形式。菜的种类不少,但H说这些菜长年累月几乎都没有变动,每天重复着3~5个菜:青菜豆腐汤、煎鸡蛋、凉菜、红烧肉、小鱼干。同时餐厅为了照顾来自全国各地全陪的口味,这些菜食味道普遍清淡。而云南人普遍喜辣,口味较重。H说,看到这些菜压根儿就没有胃口,但是肚子饿没有办法,多多少少要吃点儿。

晚上9点,我们结束了第一天的行程。从早上5点30分到晚上9点,笔者一直处于这样的一个状态:坐车、走景点、坐车、走景点、坐车、坐船、坐车,一整天分为走与坐两个部分。笔者只是像游客一般跟着团队走,一天下来累得都要趴下,而H却还在整个行程中做讲解,随时关心游客需要以便提供服务等。累了一天的导游很少会想再花些精力给自己弄一顿好的晚餐,我们随便吃了点就躺下休息了。

时间:2012年6月6日

天气:晴朗

我们今天的行程是送游客下丽江,中途经停P购物店。清晨6点,H妆扮好,带上与今天游客人数相当的"购物卡"①,出发。我们必须在6点40分之前赶到游客所住的酒店,时间很紧,根本没有时间吃早餐。从下关出发到P购物店车程为3个小时,H做了大约两小时的导游讲解,上午10点左右,旅游车达到P购物店,H安排好游客们后,笔者与H到了购物店旁边的小米线店点了一份米线,正当H端起碗、拿起筷子准备吃"迟到的早餐"时,她的电话"热烈的"响起(这时候一般是游客想要购物却拿不准主意,寻求导游帮助,这通电话代表着"辛苦了两天,回报的时候到了")。这时候的H既喜又悲,喜的是游客准备消费了,辛苦整整两天的她终于有希望赚到钱了;悲的是即将到口的食物却无福消受。H毅然放下筷子,朝着旁边的购物店奔去。

购物持续大约2个小时,12点左右游客们陆陆续续回到旅游车上。从购物店出来到达就餐地点时,已经是下午1点多,H早已饿得前胸贴后背,终于能吃上一份既是早餐也是中餐的食物了!与游客在大理与丽江交界处——鹤庆县

① 进店之前,导游会将这些写有导游名字及编号的购物卡发给各个游客,意味着该游客的"所属",购物店依据购物卡核算导游的"出单"金额。

挥手道别之后,H说如果运气好能赶上火车的话,2个小时可以回到大理(下关);运气不好的话,我们可能就得坐4个小时的汽车才能回到大理;如果运气再不好些,遇上交通事故堵车(大理到丽江的公路,交通事故是经常性的,笔者跟团走大理至丽江这条线5次,其中2次遭遇交通事故,2死4伤),那么回到大理的时候可能已经凌晨,小吃店几乎都打烊,晚饭也可以不用吃了,因为早已经饿过头了。

导游们在平时的生活中特别是在带团前,为了保护好自己"吃饭的工具"——嗓子,特别注意忌口,尽量不碰辣椒等刺激性食物,不食葱蒜等会产生口气的食物。这对于H来说是极大的挑战:"可能很多导游很爱抽烟喝酒,但是接团的那两日一般都是不会碰烟酒的,还有像我这样没有辣椒活不下去的人,带团的时候,我也是坚决不碰辣椒,特别是在旺季来的时候,更是如此,因为这些对嗓子来说,实在是毒药。带团的话,也不能吃葱吃蒜之类的,因为怕有口气。但是不放辣椒、不放葱蒜的食物,对我来说也是毒药,根本吃不下,但是没有办法为了饱肚子,"这副毒药"还是要吞下去的。"由于常年在固定地点食用长年不变的菜品,很多导游早已失去胃口,很难咽下食物;有时由于需要处理游客各种特殊要求等原因,导游根本来不及进食。

图3-1 食之无味的导游餐 [1]

---

[1] 拍摄者:笔者。H实在没有胃口,为了果腹,盛了一碗汤、一碗酸菜炒肉与半碗米饭。拍摄时间:2012年6月6日。

四、皮肤：晒黑晒伤

以大理古城为中心的旅游片区平均海拔为 2000 多米，太阳较烈，紫外线很强。笔者在跟团时，有司机"恐吓"笔者："你做个一个月的导游，绝对把你晒得黝黑黑！"

H：至于要这么拼命么？看你把皮肤晒成这样值得么？女孩子干嘛这么拼死拼活地赚钱啊！

K：女孩子必须要有经济实力啊，不然在家里你啥都不是。所以，为了赚钱，我的脸算是被葬送了。①

据笔者了解，K 所在旅行社的计调与 K 属于亲戚关系，当其他导游一个月都接不到一个团时，K 可能连续 1 个月整整 30 天都处于出团的状态。只要旅行社派团给 K，不管大理天气是刮风下雨还是烈日暴晒，K 都一定会接团出团。K 的钱袋子确实在日渐鼓胀起来。可年仅 30 岁的她，由于长期的烈日暴晒与每天的浓妆艳抹，脸部皮肤已经被晒得黝黑，即使是隔着一层厚厚的粉底，脸上一块块的晒斑依然明显，脖子、手臂都有明显被晒伤的痕迹。对于一个未婚、与很多少女一样期待着一份美丽爱情的女孩子来说，这样的代价可以说是巨大的。

五、安全：事故频发

大理通往丽江的公路为 214 国道，全程约 206 公里，路况较差。该路段由于弯多路窄，事故频发，同时这段路几乎是每个游览大理与丽江的旅游团的必经之地。交通事故的频率到底多高？笔者此次调查就亲见了两次交通事故：第一次交通事故是 2012 年 6 月 8 日中午，地点在鹤庆地段，小轿车撞飞摩托车，两人当场死亡，两人受伤，封锁道路两小时。第二次交通事故是 2012 年 6

① K：大理女导游，31 岁，东北人，K 所在旅行社的一位计调是 K 的亲戚。访谈人物：H、K；访谈地点：大理火车站广场上；访谈时间：2012 年 6 月 5 日。

月 13 日下午，地点在大理到 P 购物店中间地段，一辆装油车与一辆卡车相撞，两人受伤，封锁道路 3 小时。

笔者：带团会不会有生命安全的威胁啊？

导游 K：我前几天就崴了脚，现在还疼着呢，幸好那天穿的是平底鞋，要是那天带的是"光棍团"①，穿个高跟鞋秀秀，那我怕是得骨折了。

导游 D：我就穿不来高跟鞋(穿不了高跟鞋)，只能穿运动鞋了。

导游 E：我每天都穿高跟鞋，我想这样的话，更有女人味些。哪双跟高，就穿哪双，不过真的相当辛苦！

导游 D：要是我的话，我就直接鞋子脱掉，打赤脚！高跟鞋实在是太难穿，你还得穿着到处跑。我们穿高跟鞋要比那些坐办公室的上班族辛苦太多了。

导游 E：没办法啊，一般团里都有男人，男人嘛肯定都喜欢摇曳生姿的女性，我要让他喜欢我，肯定得先喜欢我的摇曳生姿吧，穿着高跟鞋确实显得女性魅力足些。

笔者：在车上穿着高跟鞋，应该会比较危险吧？

H：当然危险了！你穿着高跟鞋拿着话筒，站着讲解，车子随便一个小的颠簸你都可能崴到脚。并且大理的路，你也知道，经常修，路面被挖得崎岖不平，碰上急刹车，你就可能会摔倒。摔个跤、受个伤，对导游来说，算啥？吃饭喝汤样的平常。②

六、人身：遭性骚扰

说起导游遭受司机的性骚扰，M 到现在都心有余悸："那次我跟团去香格里拉被吓得半死，一整个晚上都没敢合眼。当时我才进入导游行业不久，为了尽快熟悉导游业务就去跟团，向其他导游取经。刚好跟的是一位男导游的团，司机也是男的，刚开始的时候，司机是非常严肃的，不苟言笑。到了香格里拉，司机就马上变了一副模样，开始嬉皮笑脸。到了晚上我们一起用工作餐的时候，他们就开始讲一些不堪入耳的话，还问我：'今晚你选谁？'我说：'我选我自己。'吃过饭后，香格里拉开始下雨，那位男导游因为有事先不回酒店，而司机没有带伞，我

---

① 光棍团：大理导游将没有带女伴的成年男性游客统称为"光棍"。
② 导游 D、E 都为大理导游，年轻女性；地点：从鹤庆到大理的火车上；采访时间：2012 年 6 月 14 日。

就礼貌地邀请司机和我一块撑伞从吃饭的地方回住处，没有想到他开始动手动脚。当时我就呵斥了他。当到了酒店，他开始一个劲地给我打电话，给我发短信，问我住在哪个房间，我就撒谎说我还不知道，还没有拿到房卡。当他一再骚扰我的时候，我真的害怕了，将房间门反锁了，一道又一道，用凳子垒起来顶在房门后面，但是心里还是恐惧得不行。一整晚衣服都没敢脱，包得严严实实的，睁着眼睛到天亮，做好了随时应战的准备。还好，什么都没发生，虚惊一场。从那之后，我都不敢再去跟男导游的团，也不敢再去香格里拉了。大理很多旅游车司机都色得很，尤其爱在嘴巴上吃导游的豆腐了。但是我最害怕的还是丽江、香格里拉的司机了，那里的很多司机是直接动手动脚！"

导游 H 说："女导游被司机骚扰、吃豆腐这样的事情，在导游界实在太多了，几乎没有哪个女导游没有被司机吃过豆腐的。到了旅游旺季，因为行程需要，大理导游得跟团下丽江，并且在丽江过夜，丽江酒店因为房间紧张，很可能就只给男司机与女导游安排一个房间。"在这种情况下究竟该怎么保护自己不受侵犯，是摆在女性导游面前的一道难题。

七、压力：夹心饼干

H 对笔者说："做导游就是'夹心饼干'，并且相当于生活在'高压锅'里，简直是压力山大！"

G：我们对客人，比对爹妈都好，爹妈生病了，我们远在天涯海角。但是客人生病了，你必须马上将他们送到医院去，还得像照顾婴儿一样地照顾着，不然出了什么事情，你吃不完兜着走！

H：我们就是'夹心饼干'。客人有什么不满意的，找不到别人，只能朝着我们叫，朝着我们喊。旅行社要让客人购物，要客人咋的，只能朝着我们，要求我们去做，要求我们这样，要求我们那样，要达到什么标准，因为他不可能直接跟客人说你去购物吧！我们一方面要考虑旅行社的利益，一方面要考虑客人的利益，一方面要考虑自己的利益。旅行社给我们压力，让游客购物，游客给我们压力，不想购物，我们自己有生存的压力，三方面要协调满足好了。所以就一直生活在"高压锅"里。能够耐得了压力，你就成长了，成了抗压能力强了不起的老导游，如果你忍受不了,你就只能走路(退出导游界)了。或者像某些导游一样,心理扭曲了,伤害客人的事件就发生了。

旅游团不出单,导游除了自己的生存压力,还会面临旅行社、司机甚至全陪等各方面的压力,无疑,压力山大!

从某些细节上亦可以窥见导游在带团时所承受的压力,比如导游必须算着时间进购物店,如 P 购物店上午进店黄金时间是 9 点 50 分左右,店中顾客主要是从大理下丽江的团队游客;下午进店黄金时间是 3 点 30 分左右,店中顾客主要是由丽江返回大理的团队游客。导游必须让自己带领的游客在这两个时间进店,因为这两个时间该店内人潮涌动,是购物氛围最好的时候。导游一旦错过了这两个时段再进入该购物店时, 很可能该店内就只剩下店员,场面十分冷清,销售情况是可想而知的。

第三节 "尽力工作,还得倒贴钱"

20 世纪八九十年代,导游处于相对短缺的状态,导游享有较高的社会地位及较高的福利待遇。到 2000 年前后,随着旅游政策的改变,这一情况也发生了变化,导游群体急剧扩大,旅行社难以悉数容纳,部分导游只能游弋在旅行社之外;同时,随着旅行社改制深入和旅游市场竞争的加剧,旅行社既有的导游外流,大部分导游开始转到导游服务公司,导游开始从旅行社管理变为导游服务公司管理。[①]这意味着导游职业从此走上社会化道路,导游从旅行社的宠儿变成了自由职业者。由于此类公司是个中介机构,不可能提供相应的福利待遇。用导游自己的话说,就是从此成为了"三无"人员。一些导游甚至戏称自己还不如个乞丐,乞丐是纯收入,而导游身心付出那么多却未必就有回报,甚至还有可能倒贴钱。

旅游政策的颁布施行给导游的收入结构带来了巨变。改制前导游收入由工资、奖金、出团补贴、购物回扣和小费这五部分构成,在社会上大多数人只

① 杨萍:《导游的生存现状呼唤建立合理的薪酬制度》,《贵州商业高等专科学校学报》2009 年 6 月 15 日。

拿基本工资和少量奖金的时候,导游的收入确实让人艳羡。改制后大部分导游的工资、奖金、出团补贴被取消,只剩下回扣和少量小费。导游原本的合法收入被取消,不合法收入却被放大。①

表 3-1 导游收入状况调查表 ②

人数 \ 项目	无基本工资	无带团补贴	交纳人头费	交纳质保金	回扣收入占 80% 以上
调研人数	3335	3206	3206	3481	3305
选择人数	2626	2865	2284	3203	2321
百分比	78.74%	89.36%	71.24%	92%	70.22%

由于回扣是被国家旅游局《导游人员管理条例》所禁止的,以此作为导游薪酬主体,从法理上讲是不合法的。③H说:"本来是我自己的辛苦钱,但是制度不允许,我拿着这钱,感觉很不舒服,小心翼翼、偷偷摸摸的,好像是做贼。"

一、郁闷:不出单

笔者:要是不出单的话,很难过吧? 整整两天的辛苦都是白费了。

L:是呢,是难过呢,付出了那么多,啥都没有回来。有时候水费啊、打车费、回来的火车费啊,加起来就是一大笔。以前没有火车,从鹤庆到下关坐汽车回来,一次就得四五十块。一趟下来开销也大,要是不出单的话,体力上、金钱上、精神上,都是很大的伤害。

H:是啊,能过得去就好了,不一定要出大单。钱这种东西,苦(赚)是没有个够的。苦多算多,苦少算少。但是最害怕的就是没有,还得倒贴钱。④

晚上带团回来后,笔者询问 H 关于不出单的感受,H 的回答充满了无奈:"不出单的话,除了旅行社要给导游脸色看,有时候还得忍受他们的'阴阳怪气',并且我们导游还得倒贴钱了。我给你算算这笔账;首先,交通费用就是很大

① 杨梅红、高鹏等:《<旅行社条例>所透视的导游薪酬及对策》,《太原大学学报》2009 年 9 月 30 日。

② 陈乾康:《导游人员生存状态研究》,《桂林旅游高等专科学校学报》2006 年 5 月。

③ 王中雨:《旅游业导游薪酬制度存在的问题及对策探析》,《商业时代》2011 年 19 期。

④ 访谈人物:H、L;访谈地点:P 购物店导司休息室;访谈时间:2012 年 6 月 7 日。

一笔。导游住的地方与游客住的酒店不会近到可以步行,而坐公交车迟到的风险太大,不能让游客等着我们,只能打车,一个团下来光是打车的费用就得七八十块钱。同时,从鹤庆送走游客之后,自己坐汽车回来的话,车费是40块钱。随便算算,交通费就得100多。有时候,游客走的不是从大理上丽江的线路,而是从丽江到大理,那么我得从丽江接团回来,这样上丽江的车费就是一大笔,同时我还得在丽江吃饭、住宿,这些都是我自己掏钱。其次,每个旅游团,我们都必须保证每个游客有水喝,夏天的时候一天至少2瓶水,冬天的时候,至少1瓶水,这些都是我们导游自己掏钱买,旅行社是不管的。一个10人的旅游团下来,买水都可能要花掉50块钱。最重要的一个就是垫付团费,包括景点门票、餐费、住宿费等,连续带上几个团的话,可能就得押好几万元,至于这个钱旅行社什么时候报给你,还得看各个旅行社的报账习惯、计调的心情和与你的关系好坏了。”

二、曲折:报账路

(一)被逼押账

多数导游都有被旅行社逼着“押账”的经历。大理很多旅行社都是半个月或者一个月给导游们报一次账。旺季团多时,导游可能押账数额达到四五万,有的甚至上十万,导游们自己的“小金库”被掏空甚至还得借钱。当然也存在少数报账频率较高、速度较快的旅行社,这样的旅行社和计调是导游们最喜欢的。H说:“我待过这么多的旅行社就是现在这个计调报账的态度好点。我之前在的旅行社,明明是我自己的钱,我还得求爷爷告奶奶地让计调报给我,很是让人郁闷,但是没得办法。导游接到团得自己掏钱垫付所有游客的住宿、餐饮、景点门票,甚至有些旅行社连司机的车费都得导游垫付,等带完团将所有的单子交给旅行社计调,在半个月或者一个月之后才能给你拿到这笔钱。”

笔者于2010年6月7日跟团时,在崇圣寺三塔景区碰见了H本科班里的一位男同学导游Y,他与笔者闲聊时说:“我5月份的账现在才报了1000块钱,还有6000多没有给我报。我现在全身上下实在是一分钱都没有了,公司才答应用公司的信用卡。要是信用卡没法用了,我就会和旅行社说,没有钱垫付团款,没有办法接团了。”

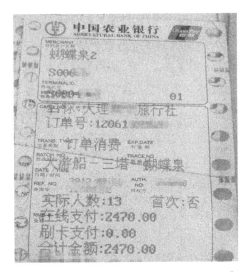

图3-2　导游为游客垫付的蝴蝶泉门票单据 [①]

(二)随意扣钱

　　导游垫付团费后,旅行社若能悉数报给导游,在导游眼中这就是一家值得信赖的旅行社。导游出单之后,所得的购物分成不会直接拿给导游,而是事后通过旅行社再返回给导游,守信的旅行社会按照彼此约定的回扣比例将回扣返还给导游,而也有旅行社会用各种借口克扣导游部分回扣。

　　导游D:上次我带了个团,到P购物店买玉,在车上的时候我就注意到了坐在第1排的两位游客是黑马,两个人都拿着苹果手机,还特别爱挑三拣四的。我一看就知道是有钱人,当时就想瞅着他们买了。确实当时是买了,买了一件将近20万的东西,但是不知道怎么的,本来从来不打折的店,给了他们打了个7折。旅行社就要求我承担5个点,司机承担4个点。我当时算算,觉得还是划算的,想想也算了,同意了。这个账报的钱,旅行社是到了1个月之后才拿给我的,我当时一看打进卡里的金额,根本就不对,扣除了那5个点,还少给了我2个点的钱。后来司机和我说,你不用操心了,我比你少得更多。对于这样的旅行社,我真的是无语了,说不给你就不给你了。

---

① 拍摄者:笔者;拍摄时间:2013年5月12日。

H:是的,我也在她家带过团的。她家的零头从来就是想给你就给你,说不给就不给,说扣你多少钱就多少钱,根本没有商量的余地。①

据 H 的介绍,导游带团结束后,旅行社都不会直接返款给导游,较好的情况是旅行社从商家拿到回扣后便支付导游之前垫付的团款,但如果旅行社"赌团"经常赌输(游客购物少导致商家回扣低于接团成本),旅行社便没有钱拿出来给导游,导游垫付的团款便很有可能"血本无归"。遭遇这种情况的导游申诉无门,只能一次次跑旅行社去索要。如果该旅行社无力再继续"赌团",那么导游将再也拿不回这笔钱。

三、窘迫:经济状况

我现在和我男朋友两个人 10 块钱的菜钱得吃上两天,因为我们得省钱买房,毕业两年了我仅买过一次贵的衣服,就是去年过年回家买的 240 块钱的棉衣,一双138 块钱的鞋子。我衣柜里的衣服几乎都是几十块钱一件的。我男朋友也很少买东西,总觉得街上的东西太贵了。我现在有一个爱好就是省钱了,经常有朋友叫我出去玩,吃饭啥的,我都很少去,因为总是要回请的,是要花钱的。我现在一个月的工资也就 3000 左右,我能存下来一大部分,因为我和我男朋友两个人平常除了买菜,几乎都不用花啥钱的。我们也很少出去走走,毕业两年了,我还是舍不得买电脑,因为我得省下钱来买房子。我的价值观念是我可以不用买车,但是一定要买房。我不想以后生了孩子,还让他们生活在租住的房子里面。我男朋友他们家就是这里的,但是呢,他们家也是农村的,离城里还是有 1 个小时(的车程)。我爸爸妈妈都是农村人,他们都没有办法帮到我,我只能靠我自己。现在是 6 月中旬,我算算我过年后的这 4 个月来赚的钱,差不多就万把块钱了,其中花了 3000 块钱买了一辆电动车,整个上半年我就存了 6000 块钱。不知道这买房的梦想什么时候能够实现。②

L 在大理做导游今年算是第 5 个年头,现在他一家 4 口依然挤在仅有 60平方米的小房子里,东西多而杂乱,日子过得不算舒心。L 想买个大点的、宽敞

---

① 访谈人物:D、H;访谈地点:小面包车里;访谈时间:2012 年 6 月 6 日。
② 访谈对象:G;访谈地点:H 的租房内;访谈时间:2012 年 6 月 19 日。

舒适点的房子,但他说,以他目前的能力是没有办法买房的。新导游的平均收入偏低,老导游相对来说经济状况要好些,但是真正做导游一下子发家致富的仅是极少数,只有连续多次碰上了消费能力非常高并且消费欲望特别强的旅游团;这些极少却存在着的例子鼓励着导游们继续做下去,所以导游们每接到一个旅游团都期待会有"黑马"出现。新导游们必须经过一到两年的艰难存活期,因为老导游拥有人脉和技巧等方面的优势,旅行社更倾向于把团质好的旅游团交给老导游来带,一部分导游无法坚持于是改了门、换了道,而更多的导游们尽管经济拮据却依然怀揣着希望,在等待着一个好团或者"一匹黑马"。

尽管收入不稳定,但是大理的导游群体中普遍存在一种"花钱如流水"的状况,不论是收入高的导游还是收入偏低的导游,一拿到团款及回扣,消费的欲望就高姿态、高调地出现,特别是年轻的未婚女性导游。

H:到了现在这家旅行社,我倒是赚了不少,但是现在3张卡,所有的存款加起来也就是3万块钱不到,真的是不知道钱花到哪里去了。现在平均下来每个月要花个4000多。3月、4月、5月,整整3个月了,钱真不知道花到哪里去了。

M:是啊,导游的钱就是这样,因为觉得来的容易,所以在花的时候根本不知道心疼。

笔者:现在H买东西都不用看价钱了,前几天我们一块儿去逛街,随便两件衣服就是1000块了。

M:我以前带团的时候,也是这样的,因为经常要垫付各种费用,所以包包里总是有钱的。也觉得钱来得好容易的。出去一个团,怎么说个几百块甚至上千块是有的,感觉一花出去,一带团这个钱马上就会回来了。做导游就是赚得快,花得也快。花钱根本没有心疼的感觉。这可能是导游群体的通病了。本来赚得就不算多,但是却花得不少。①

第四节 "再做两年,我就转行"

对于导游群体来说,早起摸黑、客人责难、司机非礼、交通事故等,给导游

---

① 访谈对象:H、M;访谈地点:H租房内;访谈时间:2012年6月15日。

们带来了压力过大、精神紧张、身体过劳等问题,更为严重的是他们普遍对前途感到迷茫。面对现实收入和未来生活双重的不可预期性,很多导游身心俱疲,愿意把导游当作终身职业的人越来越少,而"趁着年轻挣点钱就改行"的心态相当普遍。有研究者调研的四川 3352 位导游中竟有 2466 人(占 73.5%)准备近期或过两年就改换职业,证明严峻的生存环境严重影响着中国导游队伍的稳定。[1]当笔者问到 H:"如果你不离开中国,对未来是如何打算的呢?"H很坚定地告诉笔者:"尽管现在日渐熟悉了这个行业,做得也顺手了,但是再做两年,我也就转行了。"因为不能准点进食,H 已经患了胃病,大理天气阴晴不定,H 经常感染风寒,身体也已经越来越吃不消,她说自己这个状态也不允许在导游这个行业继续做下去。

一、无缘:社会福利

目前大理导游的收入分为三个部分:一是游客购物回扣,占导游收入的 90%以上;二是不进店团给予的 100~200 元左右的导游服务费;三是极为少量的小费。回扣是导游的主要收入来源,由于回扣具有不合法、不稳定的性质,以回扣为生的收入来源无法给导游提供安全感,而本应该可以给国民安全感的社会福利似乎一直都与导游们无缘。H 说:"我进了导游行业两年多了,待过七八个旅行社,从来都没有听说过哪个旅行社或导游服务公司会为导游提供医保、社保和养老保险的,什么住房公积金更是想都不敢想。"

导游这个行业不适合长久做,因为没有保障。你看五险一金,我们都没有。要是有五险的话,我们一个月也能多得几百块钱,还有一金,我们是根本不敢想的。以前我女朋友也是带团的,但是现在不带了,现在坐办公室,一个月有 2500 块,工资倒是不高,但是很稳定,每个月都有,我们觉得那样也挺好的。不像我们现在做导游的,运气好的时候是有 1 万块钱 1 个月,运气不好的时候,喂饱自己的肚子就差不多了,而老婆、孩子、年迈的父母,他们的肚子谁来喂饱? 想想这个我就头疼。并且这还不光是吃饱肚子的问题,要结婚、要买

① 陈乾康:《导游人员生存状态研究》,《桂林旅游高等专科学校学报》2006 年 5 月。

房、要买车,还有父母要是生个病怎么办?我们都是农村出来的孩子,脸朝黄土背朝天的父母亲又没有额外的经济收入,为了培养我,已经把家底都掏空了,现在他们身体也没有以前硬朗了,小毛病就算了,要是有个大病什么的,那作为家里的男人,我得挑起这个梁啊!要房子,家里倒是有一栋老房子,可谁还愿意回去呢?首先不说女朋友愿不愿意和你走,就算她愿意了,以后小孩的教育问题怎么办呢?农村的教育质量与城市压根儿没法比,我也不能让我的小孩输在起跑线上啊!①

　　笔者从其他导游口中得知 Y 带了两年的团,生活几乎没有改善,没有存上什么钱,Y 给笔者感觉也是当一天和尚撞一天钟,绝望中还夹杂着一丝希望。H 说:"在大理,不论是专职的导游还是兼职的导游,几乎没有旅行社给导游提供五险一金。"由于云南路况险要,导游人员伤害事故发生频繁引起云南的相关行政主管部门及地方政府的关注,以行政命令或地方法规、管理办法等形式明确了旅行社等旅游企业为导游购买相关保险的法律责任。据 2011 年12 月 15 日《云南日报》报道:云南省旅游局联合省人力资源和社会保障厅正式印发《关于建立云南省导游薪酬机制的指导意见》,云南旅游局副局长徐光佑提到,导游除了有基本工资、带团津贴、奖金外,旅行社将必须为导游按月购买疗、养老、工伤、失业、生育等保险。尽管云南省明文规定旅游企业必须为导游购买养老保险、医疗保险、失业保险和人身意外事故保险等,但是从大理的旅行社整体情况来看,不论是与旅行社签订了正式劳动合同的专职导游还是没有签订合同的兼职导游,旅行社都没有履行该部分责任,或者变相地从形式上应付了事。从导游手中收取社保费,再以旅行社的名义为其购买社保,这些做法严重损害了导游们的切身利益,这就使得导游的养老、工伤、医疗等问题都得不到及时有效的解决。云南旅游局的调整愿望是良好的,但真正落实的可能性很小。对于此种情况,暨南大学汪传才说:"如果要求导游与导游公司建立了合同关系,甚至是劳动合同关系,也无法让导游有薪酬和社会保障等,因为导游服务公司没有这个能力,导游服务公司职责只是提供挂靠和注册,在社会导游与旅行社之间的关系中,导游服务公司并不是交易当事人,

_____

① 访谈对象:Y;访谈地点:崇圣寺三塔;访谈时间:2012 年 6 月 7 日。

让其承担导游工资和社保,实在是勉为其难。"①导游因为职业需求基本上都是奔波在第一线,爬苍山下洱海,都是跋山涉水的旅游项目。同时,几乎每个团都有大部分的时间在旅游车上,发生事故的风险概率较高,无保险、无福利的导游,一旦发生意外将会给其自身及其家庭带来残酷的打击。

二、严重:隐性失业

隐性失业的问题是导游界普遍存在的问题,特别是新进入旅游行业的导游,隐性失业现象更为严重。在淡季的时候可能连续一整个月都接不到一个团,或者说只能接到旅行社派给的团质较差的旅游团。大理的淡季与旺季分明:淡季是 11 月至次年 3 月,持续近 5 个月,旺季则为 4 月至 10 月。H 说:"旺季的时候呢,团倒是很多,但是连续两三个团带下来,人就已经吃不消了,累得很,同时 3 个团的团费都是自己垫的,可能押账就能押到上万元。我也没有那么多的钱,所以旺季的时候,顶多一个月只能带到七八个团的样子,一般就是四五个团。一年之中有 4 个月的时间,我们都接不到什么团,我只希望在淡季的时候一个月赚个 1000 块钱,那样的话至少生活费还有着落。"笔者查看 H 的带团记录,从业两年多 H 共出团 52 次。

每天自己一个人待着,待着待着,感觉都要发霉了。其实有时候也不是多累,就是心累,还有就是好久好久都没有团带的话,你会觉得闲得发慌,闲得人感觉都快成为废人了,这种感觉很不好,没有希望没有盼头!H 还好,有 T,但是我呢,就是一个人,整日整日一个人。特别没有意思。这种情况,我差不多坚持了一年,到 2011 年整个 11 月份都没有一个团派给我,我都要崩溃了,于是离开了大理。我实在过不下去这种无尽的等待,等待之后还是等待的生活。②

除了淡旺季,造成大理导游隐形失业的原因还有两个:一是"杀手"的存在。据 H 介绍,现在大理有些旅行社,不请专业的导游米带团,而是请"杀手"

① 《云南正积极探讨"云南导游强迫购物"问题》,昆明康辉永军旅行社有限公司,2012 年 5 月 25 日,资料来源:http://lxs.cncn.com/78946-news-show-204171.html
② 访谈对象:导游 M;访谈地点:H 租房内;访谈时间:2012 年 6 月 18 日。

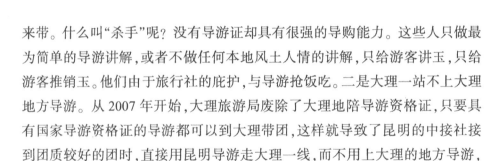

来带。什么叫"杀手"呢？没有导游证却具有很强的导购能力。这些人只做最为简单的导游讲解，或者不做任何本地风土人情的讲解，只给游客讲玉，只给游客推销玉。他们由于旅行社的庇护，与导游抢饭吃。二是大理一站不上大理地方导游。从 2007 年开始，大理旅游局废除了大理地陪导游资格证，只要具有国家导游资格证的导游都可以到大理带团，这样就导致了昆明的中接社接到团质较好的团时，直接用昆明导游走大理一线，而不用上大理的地方导游，这也在一定程度上加剧了大理地方导游隐形失业的问题。

三、悬殊：收入差距

新导游与老导游之间、同个旅行社的导游之间、运气好的导游与运气不佳的导游之间等，尽管能力不相上下，但收入却是天差地别。这种情况，笔者一直是有所耳闻，但是感触不深，直到 H 与笔者说起自己最近的经历。H 说："你知道我是理性消费者吧？你也知道我不属于那种爱慕虚荣的人吧？"认识这么多年，笔者自然清楚 H 确实是实实在在的一个理性消费者，那些爱慕虚荣的事情跟她也扯不上关系。"不需要的东西很少买，或者说绝不买。但是最近我很想把我的小诺基亚换成 iphone4。不是因为需要，不是因为爱慕虚荣，而是那天实在太受刺激了！前几天，我和几个老导游一起坐火车从鹤庆回来，一上火车，她们一边拿着 iphone4 在那里点啊点、摸啊摸。我们一边在那里有一搭没一搭地闲聊，导游们在一起的时候最爱聊的话题就是游客了。聊着聊着，一位老导游说：'我今天带了个客人，他屁大点实力都没有，话还那么多。我一看，他手里还拿着一个诺基亚的手机！'而我当时揣在裤兜、拽在手里的正好是个诺基亚的手机，听她这样一说，我连拿出来接电话的勇气都没了。"H说她的诺基亚手机实在没有办法拿出来用了，一定要换个 iphone4。听她斩钉截铁的语气，笔者知道这事件已经"伤"到她了。"我从 2010 年 9 月份正式带团，到现在换了六七个旅行社了。我刚开始去的时候，旅行社总是给我派一些扫尾团，刚开始还是能接受的，考虑到自己是刚刚出来的，没有啥经验，旅行社为了自己的利益考虑也只能挑点团质差、出单希望不大的团给我带，我能够理解。但是时间一长了，这种情况没有丝毫的改变，就觉得没有出头之日，心里是很郁闷的。与那些同在一个旅行社的老导游一比，更是觉得差距好大，我觉得我的服务甚至比她们还好,但是她们收入比我高太多了,这样心里就有很大的落差。上次与几位老导游一起坐火车回来,路上聊天,一位在大理旅游行业做了十多年的老导游说:这个月运气不好,才赚了3万多。我当时那个心里的郁闷啊,我做梦都做不到这个数字啊!但是我后来想想肯定不排除吹牛的性质在里面。但是不管多少,那个真实的数字也肯定是足够让我羡慕嫉妒恨了。在大理,多数都是年轻的导游,做导游这个行业都仅仅是两三年而已。其实没有多少经济收入。一般来说,年限足够长、经验够足的导游才有可能赚得多,当然背后的艰辛是不言而喻的。有时候我想啊,等我到了她们那个年纪应该也能赚到那么多吧,尽管想可以那样想,但是很多时候同样是早上你和她各自带着一队人马出去,她赚了5000,你赚了50,你的心里差距该有多大呢?"

不同的导游带领着人数相差无几的旅游团队,在劳动强度相似的情况下,收入却可能会非常悬殊,目前大理导游行业普遍存在着这样的怪现象:收入高的导游不一定是服务质量好的导游,甚至是素质低下的导游;而不愿昧着良心赚黑钱、不愿张口骂游客的好导游却难以赚到钱。

四、辛苦:早出晚归

2012年6月12号,笔者在从鹤庆返回大理的火车上遇到了一位已结婚并生育了一个2岁女儿的女性导游,30岁左右,一上火车,笔者便与她攀谈起来。她说她在大理带团有4年的时间了,刚开始的时候还好,尽管累但是身体还能够承受,但是现在明显感觉体力跟不上了,每带一个团就觉得很累。笔者见她脸上满是疲惫。她说:"我现在只能偶尔带带团队游客,散客实在是太辛苦了。做导游这一行,只能适合你们这些未婚的年轻人,结了婚,就会觉得很辛苦。"聊不到几句,她就平躺下来休息了。笔者在跟团过程中发现导游们每到一个可以休息的地方就一定会睡觉,即使是打个盹也要咪一会。特别是游船上或者下了团在返回大理的路上,几乎所有的导游都是上车上船立马就睡,如当游客们在游船上尽情地欣赏着大理洱海景致、享受洱海清凉的海风时,导游们就在小小的导游休息室中睡成了一大片:一个小小的包厢,20多个导游累得已经顾不得分男女,你挨着我,我挨着你,坐着睡熟了。

导游 G 说:"现在大理的导游市场太混乱了,很多损害到导游这个群体利益的东西,都没有人、没有法规来维护导游的利益。我也不知道以后是否还要在导游业继续做下去了。如果我慢慢地积攒了点钱,就不做了,还是去做酒店,朝九晚五的,那才算是正常的工作,结婚以后我想有个稳定点的工作。所以现在一边做导游一边还在努力学习英语,因为我发现很多的酒店所谓的中高层英语都不咋的,在那里我应该还是有发展。我的打算是,再苦几年,把房子的首付赚到手,我就考虑转行。"有导游在网上发帖子说:"导游起得比鸡早,睡得比狗晚,吃得比猪差,跳得比猴快,走的冤枉路比马多,爬得比牦牛高,晒得比藏族黑,被旅行社宰得比兔还惨,在客人面前比羊还乖。这样弄,想长寿都难。"①

图 3-3 从鹤庆返回的路上 ②
(当天回到 H 的出租房时已是晚上 11 点多)

五、倦怠:职业感受

H 说:"很多导游刚开始的时候,对待游客是很热情的。但是呢,随着接触的游客越多,这份热情就随之慢慢地消退了,慢慢地我们会把游客当作工具了。

---

① 作者不详:《欢迎你当导游》,资料来源:http://www.baidu.com/s?wd。
② 从鹤庆出团归来,返回路上因为交通事故,堵车三小时。拍摄者:笔者;拍摄时间:2012 年 6 月 13 日。

真的不是我们导游怎么了，这与一对男女结婚久了激情褪去可能是一个意思吧，我想这应该是人类都有的一种本性吧。"①

　　笔者：昨天我们去吃饭的时候，看到一位女导游，听说口评很不好呢。

　　V（旅游车司机）：她在这个行业干了将近10年了，你要是不买点东西的话，她就会发火的。

　　笔者：这个发火和干的时间长短有关系么？

　　V：当然有关系了！她干的时间长了就这么想了："我出来是干啥的？我出来就是为了苦（赚）钱的！你让我苦不到钱，我就对你不客气。"甚至有些导游会这样干，就算你这个游客人再好，但是如果你一分钱都不消费，我就对你没好感。但是这样的导游是非常少的，毕竟人嘛，都是感情动物。你对我笑脸相对，让我张口就骂你，也是很难的。

第五节　"这就是一场博弈"

　　任何一场游戏都有游戏规则，结局也总有输赢两家。但是在导游这场"职业游戏"中，不论导游遵守还是不遵守"游戏规则"，导游都面临着遵守规则的"后果"与不讲原则的"下场"两难的境地。如果说这是一场博弈，导游却是永远"没有赢"的那一方。

一、遵守规则的"后果"

　　M，较为内向与害羞，讲诚信，有原则，出格的事情不做，她带的游客都很喜欢她。与此同时，她完全遵照着导游"不跳墙"的行为法则，如"导游不能私自带游客到非指定购物店购物""按照规定给司机分成"等。她说："像H那样带着游客到其他店去购物，我做不到。我害怕被旅行社发现，我害怕自己的名誉受损。"M少了一份可操作的收入性来源。做导游不到半年，M就放弃了做地陪导游的念头，回到自己的家乡走"组团社"这条道路，以全陪的身份带着

---

① 访谈对象：H；访谈地点：去往接团的路上；访谈时间：2012年6月6日。

省内游客赴外省旅游。

二、不讲原则的"下场"

2013年4月初,H给我打来电话,说她私自带游客进店被旅行社发现了,现在状况比较麻烦。经笔者了解,事情经过是这样的:

H所在旅行社换了派团的计调,该计调的妹妹、丈夫等人都进入该旅行社带团,该计调派团用人唯亲,用H的话说"她家亲戚每天都有带团,我们其他导游一个月都带不到一个团"。前些日子,计调给H打来电话,说有一个不进店的二人团,问H是否愿意带。H说"两个人的团,并且还不进店,这摆明就是把我当作免费劳动力使用了。但是这事,我根本没有选择的余地,我必须带,我不给她带这个团,她以后可能什么团都不派给我带了。我也得吃饭啊,在带着他们逛古城的时候,我就重点介绍了下一家银器店,想不到这两母女很喜欢银器,当时买了3000多,我分成得到了不少钱。她们很开心,我也很开心。高高兴兴把他们送走以后没几天,组团社那边给我们旅行社来电话说明明是不进店的团,我却操作成进店了,说我违规操作,让我罚款。后来我了解到那对母女对自己买到的东西很满意,在不经意间与组团社的人有提到,结果组团社就知道我带客人进店了。现在我们旅行社让我罚款,并且意思是不让我在她家带团了。"果不其然,这家旅行社罚了H1600元人民币,并且不再给H派团,H没有办法只能去别家另谋生路,重新适应新的环境,重新去赢得相关人员的信任。H说,不管我之前在这家带团的成绩多好,如果我到另外一家旅行社刚开始几个团就带不好,以后我只能扫尾了,日子肯定更加不好过。

三、"守"与"放"的博弈

遵守旅行社与导游之间的规则,就很可能遭遇M类似的境况:入不敷出,最终不得不退出导游行业。倘若不遵守旅行社与导游之间的规则,运气好,可以不被发现,可以获得一笔丰厚的收入。但是一旦被发现,则名誉受损,不再受旅行社的信任,失去在这家带团的机会。不论是"守住"规则还是"跳墙",导游都面临着遭受更大损害的风险,处于两难的境地。

第四章
造成导游生存困境的原因分析

目前大理导游面临的生存环境十分恶劣，对于造成这种状态的原因，笔者从"零负团费"现象的普遍存在、大众媒体的误导作用、小费文化传统的缺失三个方面进行分析。

第一节 "零负团费"现象的普遍存在

导游薪酬体系的不合理是造成导游生存困境的重要原因之一。新中国成立以来，导游职业的社会地位及其收入形式都在不断变化，可以从以下三个时期来透视其变化过程：导游领取国家公务员工资时期(1949—1977年)；导游领取事业单位人员工资时期(1978—1984年)；导游领取企业员工工资时期(1985年至今)。三次改制使得导游薪酬体系发生了显著的变化。改制前，导游的收入主要由工资、出团补贴、消费回扣、奖金和少量小费构成；改制后，本来占收入主要部分的基本工资、出团补贴和奖金悉数被取消，消费回扣与少量的小费成了改制后导游收入的全部来源。

导游薪酬体系的不合理是造成导游生存困境表面原因，究其根源，普遍存在于旅游市场的"零负团费"的问题才是造成导游生存困境的罪魁祸首。以下从旅行社产品的过度同质化、消费者不成熟的消费心理、旅游管理监管体制不完善三个方面来探讨造成"零负团费"现象存在的原因。

一、旅行社产品的过度同质化

旅游改制之后，大量旅行社迅速崛起，由于相关制度不完善等原因使得旅行社经营者缺乏创新的动力，我国旅行社业逐渐形成了"有品无牌、有牌无品"的同质化、单一化的现象。"有品无牌"是指产品体系单一化，旅游产品千品一面。[1] 比如到大理旅游，旅行社行程安排内容基本雷同、食宿标准亦无特色，给旅游者造成"无差别的、同一化的旅游产品"等印象；"有牌无品"则是指旅行社的品牌和旅游产品没有形成有效联系，旅行社没有在旅游产品刻上自

---

① 贾跃千：《零团费及其治理研究》，硕士学位论文，山东师范大学，2005年。

己企业文化的烙印,游客出游是依赖于目的地而非选择旅行社,对旅行社的忠诚度不高。①既然如此,那么只能由价格来决定了,"谁家的报价低就选择谁"成为大多数旅游者的选择模式。旅行社产品的过度同质化使得游客出行价格的高低成为决定其消费选择的标杆。

二、旅游者不成熟的消费心理

"低价出游"旅游信息在各类旅游网站上铺天盖地,有些旅行社甚至打出了"1元游香港""499元游泰国"的宣传口号。尽管消费者可以明显感觉到有些旅游团报价连一张单程的机票钱都不够,但是仍有大量游客对如此明白的"消费陷阱"趋之若鹜,这是旅行社抓住消费者追求低价的心理来制造噱头的方式。旅行社以低价或者低于成本价吸引顾客,再利用购物等方式扳回成本并获取利润。同时我国国民对于旅游购物有着民族文化传统基础,外出旅游者往往是家庭、亲友甚至是一个家族的代表,被动或主动承载着家庭或家族的购买任务,购物消费成为旅游者尤其是出境旅游者在异地额外消费的重要日程,其购物特点表现为密集式、积累式、家族式。②消费者这一行为更加促使了旅行社恶性竞争的广泛流行,报价低的旅行社总能够在市场上获得青睐,那么其他旅行社也只能被迫采取降价策略,套用经济学的理论就是"劣币驱逐良币",就这样逐渐形成了旅游行业总体低价竞争的结果。而正是旅游者尚不成熟的消费心理及消费行为极大地促成了旅行社之间恶性竞争的局面。

三、旅游管理部门监管不到位

当旅游市场遭受恶性价格竞争"袭击":"1元泰国游""1元海南游"等广告铺天盖地。人们普遍认为这种不正之风已经损害了旅游者的正当权益,也损害了导游的合法利益,严重影响到了旅游业健康发展之时,旅游行政管理部门没有及时拿出强有力的措施来监管,这股恶性竞争之风没有得到遏制。究其原因,主要有两条:一是地方保护主义的庇护。尽管我国《导游人员管理

---

① 贾跃千:《零团费及其治理研究》,硕士学位论文,山东师范大学,2005年。
② 贾跃千:《零团费及其治理研究》,硕士学位论文,山东师范大学,2005年。

条例》里有明文规定导游不得收受回扣，但是这一条例的执行却缺乏强有力的执行机构，尽管地方旅游监督管理部门清楚问题在哪里，但是害怕万一严格管理使得与旅游业紧密相关的交通、住宿、餐饮业等都将受到大的影响，同时也害怕自己与部门的政绩受到影响。受这种利益的驱使，同时有政策或管理上的漏洞可钻，这就使得旅行社恶性竞争的趋势更盛。二是导游管理体制不合理。首先，由于使用权、管理权、考核权及惩戒权分割，相关旅游关系客体的分割造成了导游管理体系的断裂。[1]尽管导游在带团结束后需要游客填写"顾客反馈意见"，但是其实这些都是流于形式。其次，当前导游管理体制可概括为是"由旅游局控制行业进入、由旅行社控制行业需求、以社会导游管理体系为很小补充"[2]的一种混合管理模式。这种模式的弊端是造成了"回扣为主、工资为辅、没有社会保障"[3]导游薪金制度。这种不合理的导游薪酬体制为旅行社进行价格战提供了一定的经营基础，并进一步恶化了这种状况。

旅行社产品过度同质化、旅游者不成熟的消费心理及消费行为以及旅游管理部门监管不到位的根源在于旅游法律的缺失，在于行之有效的旅游服务合同、旅游监督管理制度、旅游纠纷处理制度的缺失，在于代表导游利益的导游协会的缺失，在于尚需提升的大众旅游意识。目前大理乃至中国整个旅游业陷入了"零负团费"的怪圈，既伤害了旅游者的合法权益也损害了旅行社经营商和导游的利益，所以，《旅游法》的颁布及其有效实施是治理混乱的旅游市场、解决导游生存困境的关键。

第二节 大众媒体的误导作用

中国改革开放之初，中国的导游有着"游客之友""游客之魂""游客之师"的美称，其社会地位与声誉与外交官比肩。而改革开放30多年后，导游已经沦落为"导购""宰客""小刀子"。以旅游购物回扣为代表的不法行为的蔓延，招致了各种舆论媒体的曝光。由于导游处在旅游业中特殊的位置，大众媒体

① 安刚强：《导游购物回扣问题研究》，硕士学位论文，西北师范大学，2007年。

② 贾跃千：《零团费及其治理研究》，硕士学位论文，山东师范大学，2005年。

③ 贾跃千：《零团费及其治理研究》，硕士学位论文，山东师范大学，2005年。

过分关注导游的负面行为、片面报道,使得导游处在风口浪尖上,几乎所有的舆论都将矛头指向了导游,社会大众开始用"鄙视"的眼光注视导游。

一、媒体对形象塑造的影响力

随着传媒产业的飞速发展,人们越来越依赖大众媒介所提供的信息。古语云:"三人成虎事多有",新旧媒介从不同层面影响着整个社会的发展,改变着社会大众的生活。在这个信息大爆炸的时代,各种媒体通过各种各样的手段抓"热点"、造"卖点"来吸引受众的眼球,精美的图片、搞笑的视频、黑幕的揭露等成为了人们生活中不可缺少的视觉盛宴。随着人们对媒介依赖性的增加,媒介所建构的各种"媒介现实",已经不知不觉地演变成了受众头脑中的"社会现实",媒介通过语言文字、图片视频等方式所塑造的某种个人形象或者群体形象也随之深刻影响着社会大众的感知和判断,"媒介现实"逐渐成了人们认识我们所处世界的主要来源,大众媒介对某种社会现象和某些社会群体的形象塑造起着非常重要的作用。①

二、媒介塑造的导游形象分析

表 4-1　新闻报道对导游的总体评价 ②

新闻报道评价	频数/条	百分数/%
正面	445	25.23
负面	858	48.64
中性	461	26.13
总计	1764	100.00

中国海洋大学的刘倩在其硕士论文《国内导游媒介负面形象的形成与影响分析》中对新闻报道对导游的总体评价进行了分析。该学者在新浪网的新闻搜索中选择"高级搜索",限定频道是"全部频道",限定关键词精确匹配为

---

① 刘倩:《国内导游媒介负面形象的形成与影响分析》,硕士学位论文,中国海洋大学,2012年。
② 刘倩:《国内导游媒介负面形象的形成与影响分析》,硕士学位论文,中国海洋大学,2012年。

"导游"，限定搜索类别为"新浪新闻"，限定时间为"2000 年 01 月 01 日至 2010 年 12 月 31 日"。搜索结果显示"从全部频道搜索结果 9352 条"。根据研究目标，只选择其中对导游员进行描述报道、议论、评价的新闻作为分析的样本，筛选出 1764 篇文章。

媒体对导游形象塑造起着重要作用，这就导致了导游社会形象的负面化和导游人格定位的扭曲，就导游的职业环境而言，以导游人员旅游回扣为代表的投机行为在污染导游自己的心理的同时，也同样进一步使得导游的真正作用遭到了异化，丑化了导游的社会形象，恶化了导游人员的职业生态环境，① 使导游遭受了"污名化"。

三、媒体误导所产生的后果

由于大众媒体过分关注导游的"负面行为"并将导游定位为"导购""小刀子"等负面形象，这就使得游客在旅游过程中对导游存有强烈的抵触与防备心理。游客保持适度的防备心态是正常的，但是如果防范过度，对导游人员及其服务完全不信任，对导游所安排的旅游项目或推荐的旅游产品无端猜疑，像 H 所说"客人上趟厕所都会问导游是否又吃了回扣"，这就可能给导游带来伤害。毕竟绝大多数导游都期望获得游客的理解与信任，希望游客把自己当成旅程中的伙伴与朋友，他们也有自尊，导游的热情、真诚频频被游客误解，不免会使导游心怀怨气，并可能因此对整个游客群体感到失望而在带领旅游团的过程中表现出过激情绪。

四、导游解释"吃回扣"现象

因为"回扣"问题，导游频遭社会舆论抨击。针对这一现象，有导游想为自己"申冤"，撰文就"回扣"问题进行解释："导游的嘴，其实相当于媒体发布平台，导游宣传当地特产，就相当于电视台播放广告，报纸刊登广告等。"

笔者就回扣问题与多位导游进行了访谈，导游们给出了自己五点解释：

---

① 安刚强：《导游购物回扣问题研究》，硕士学位论文，西北师范大学，2007 年。

一是很多游客认为通过旅行社的安排与导游的带领进行游览，其中有很大一部分本可以节省下来的费用就被旅行社和导游赚去了。其实事实正好相反，旅行社和导游为游客提供服务所赚取的利润并不是以牺牲游客利益为代价的，而是通过一次性集中购买旅游的相关要素，然后再批发给游客，在批零差价中实现利润。

二是回扣其实是商家按照广告效果付给导游的广告费。个别导游在带团过程中，行为过于极端，出现强买强卖的行为。比如珠海导游痛骂不买烟的游客、云南司机逼得游客大便失禁等。素质差的导游在旅游行业确实存在，但只是个别现象，不能以偏概全。

三是许多游客认为导游促销行为减少了游览时间、降低了旅游品质。可依照大理旅游行程的实际操作，两天的游览行程中，只进1个购物店，并且是在去往丽江的路上，刚好是游客下车休息时间，在此处参观及购物的时间共90分钟，游客可以选择进入购物店欣赏或购买当地的特色产品，不想消费的游客可以到购物店休息处休息，很少出现强买强卖的现象。

四是导游通过回扣的方式获得个人收入并未直接损害游客利益，游客没有理由就回扣问题来反对导游。导游所获得的回扣最主要的弊端是无论回扣多少都没有缴纳个人所得税，所以属于不合法收入。

五是在旅游的吃穿住游购娱六要素中，本就包含"购"这一大旅游要素，游客出来玩有购物的需求，这个不能忽视不见。

当时我们推"蝴蝶之梦"很顺利。价格是200块/人。对于这个项目，游客们反应非常好，我问他们"蝴蝶之梦好看么？"他们经常会异口同声地回答："好看！"这样的话我再推其他都很好推了。很多素质高的游客会说，这么小的地方能够办出这么好的舞台艺术，音响效果、灯光效果都是一流的。大家对这个演出评价很高。对于大家喜欢的，我们自然也愿意给大家推荐。

但是并不是所有的有钱赚的节目我们都会推荐，而是有所取舍的。比如现在陈凯歌导演号称亚洲最大的实景演出"希夷之大理"，游客价是280元，贵宾价3000块，我们卖出去一张门票是可以拿210元的回扣。但是我们却不愿意向大家推荐，主要原因有三个：首先这个演出是露天的，特别在冬天风又大，游客吹得头都晕了；二是我问看过希夷之大理的游客们"好看么？"他们说："金花，我们看不懂。"这样的话,我们第二天很难再推其他的产品了。三是由于"希夷之大理"的观看场地是在古城。傍晚我们得送游客过去,半夜演完了我们还得去接,送回宾馆,第二天清早还得去接,很是麻烦。游客反应很不好,感觉就像是上当受骗了。所以我们现在都不给游客推荐这个了。

没有导游的积极推荐,现在"希夷之大理"走得很不顺利,这从中可见导游的广告作用。

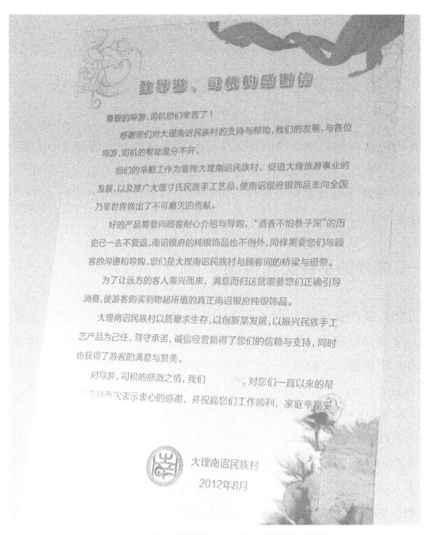

图4-1　大理南诏民族村致导游、司机的感谢信

H觉得导游把自己喜爱的东西推荐给游客无可厚非："以前我对翡翠什么都不了解,现在我真的是深深地爱上了翡翠。我现在手上这根就是这段最好了,祖母绿下面最好的颜色就是正翠色。通透度,晶体什么的,都很好,并且以后这段正翠色肯定是要晕开的。那些老导游们都说,他们之前买的镯子都晕开了。我想还买个再出国,但是现在又舍不得买。玉手镯一般都戴在左手的,左手护心嘛。所以呢,玉这东西,好处是非常多的,戴着很贵气也美观。它有很多的功效,只是现代很多人不信而已,其实从古到今的很多中国人都是信的,现在我也是信的。我觉得把自己喜爱的东西推荐给游客无可厚非。"

第三节 小费文化传统的缺失

导游以游客购物所返的回扣为生已经成为行内行外皆知的"秘密"。在国外旅游行业中,游客支付导游小费的传统缓解了导游取得"回扣"的欲望。而中国缺乏小费文化传统在一定程度上促使了中国旅游行业的"回扣风"的流行。

一、国外的小费文化传统

在国外诸多服务行业,付给服务人员小费已经成了国际惯例。旅游业发达的国家已经形成了以导游服务质量为前提的导游小费制,客人对满意的导游服务付出报酬,已经成了约定俗成的习惯。美国导游的平均日小费在160美元~200美元,日本导游小费将近300美元,意大利导游服务小费大约在100美元~200美元左右。以英国导游为例,他们的薪酬构成是底薪+小费,一般的长线团平均每个游客每天要交130美元~200美元小费,一个十人游客五天游的美国团带下来,服务质量好的导游可以得到近万元的小费收入,所以根本不用也不会去搞什么没完没了的购物。[1]在美国,导游绝大多数都依靠服务所取得的小费为生,去法国旅游,组团社都会明文规定小费的给予标

---

[1] 刘勇:《国内旅游实行导游小费制势在必行》,《职校论坛》2010年11月。

准。我国入境旅游者也会付给导游一定的小费,但是国内游客基本没有支付导游小费的习惯。

二、国内的小费文化制度

从法律法规来看,我国曾一度禁止导游收取小费,即使是游客自愿给予的,导游也不能接受。后来则改为禁止导游索要小费而不再禁止游客主动支付的消费。1987 年经国务院批准,国家旅游局发布了《关于严格禁止在旅游业务中私自收受回扣和收取小费的规定》。其中第四条规定:"旅游系统职工在工作中,不得向旅游者索要、收受小费,也不得收受旅游者主动付给的小费。"[1] 第五条规定:"本人未主动索要,但收受小费的,给予批评教育,没收其所收小费。"[2] "主动索要小费,或者暗示、刁难旅游者,造成不良影响的,给予行政处分,并可同时处以相当于其所收小费三倍以下的罚款;情节恶劣、后果严重的,可给予留用察看直至开除公职处分。"[3] 1999 年国务院发布《导游人员管理条例》,只就导游人员索要小费做出禁止和处罚规定。其第十五条规定:"导游人员进行导游活动,不得向旅游者兜售物品或者购买旅游者的物品,不得以明示或者暗示的方式向旅游者索要小费。"[4] 第二十三条规定:"导游人员进行导游活动,向旅游者兜售物品或者购买旅游者的物品的,或者以明示或者暗示的方式向旅游者索要小费的,由旅游行政部门责令改正,处 1000 元以上 3 万元以下的罚款;有违法所得的,并处没收违法所得;情节严重的,由省、自治区、直辖市人民政府旅游行政部门吊销导游证并予以公告;对委派该导游人员的旅行社给予警告直至责令停业整顿。"2008 年,国务院发布 516 号令,废止了《关于严格禁止在旅游业务中私自收受回扣和收取小费的规定》(废止法规目录编号为第 35 号),在说明中明确其已被《导游人员管理条例》代替。[5] 因此, 目前在我国导游收取游客主动自愿支付的小费不算入违法违规之列,但以明示或暗示的方式向旅游者索要小费则被禁止。直到 2004 年广东中旅首

[1] 国家旅游局:《关于严格禁止在旅游业务中私自收受回扣和收取小费的规定》,1987 年。
[2] 国家旅游局:《关于严格禁止在旅游业务中私自收受回扣和收取小费的规定》,1987 年。
[3] 国家旅游局:《关于严格禁止在旅游业务中私自收受回扣和收取小费的规定》,1987 年。
[4] 国家旅游局:《导游人员管理条例》,1999 年 5 月 14 日。
[5] 蔡家成:《我国导游管理体制研究之五:导游薪酬》,《中国旅游报》2009 年 12 月 30 日。

次将小费制引入国内游,它才正式在国人面前亮相,2004年8月,广东中旅在国内游VIP系列团中向游客建议:"如果服务满意,请支付每天20元小费给导游。"此举一出,针对"是否应该付给导游小费"这一问题展开了激烈的争论,但是直到目前为止尚无定论。

三、缺乏小费传统的原因

(一)对导游服务的特性缺乏认识

于建原等人认为"小费制"的实质是由顾客根据自己对所接受服务的感受和体验,对服务质量和服务态度进行评价,在满意的基础上对提供超过平均质量要求的服务人员给予报酬与奖励。因此,"小费制"是服务经营者在长期市场经营实践中选择和保留的一种用"市场化"而非"行政化"方法来解决服务质量和服务态度的机制。[1]它既能体现侍者高质量的服务,又是顾客对侍者的服务表示感谢的一种方式。付小费的范围主要涉及酒店、餐厅、出租车、旅游等服务性行业。从小费支付的实际情形来看,小费都是支付给直接提供给为其服务的人员,而且多为服务态度、服务技能及服务观念发挥重要作用的场合,比如演艺娱乐、酒店服务、餐饮服务等行业,因为在这样的服务中主要是以客人在享受服务中所得的实际感受为最终也是最重要的衡量标准。因此,为保证服务人员提供更加快速、更加优质的服务,由客人根据自身实际的感受来给予服务人员直接奖赏就成为了较为科学的选择。[2]

导游服务无疑是依靠导游的服务技能、服务态度和服务观念来决定导游服务质量的高低,同时由于导游是在一个流动性的场所为游客提供服务,其质量好坏的评价更是得依靠于接受服务的游客他们的实际感受。因此,向导游支付小费顺利成章地成为了惯例,并成为导游重要乃至主要的收入来源。[3]但是,在我国,小费作为服务人员(包括导游)一个稳定的收入来源却未实现,这与我国传统文化息息相关。

① 于建原、李永强:《我国服务行业实行"小费制"的可行性分析》,《价格理论与实践》2004年11期。
② 蔡家成:《我国导游管理体制研究之五:导游薪酬》,《中国旅游报》2009年12月30日。
③ 蔡家成:《我国导游管理体制研究之五:导游薪酬》,《中国旅游报》2009年12月30日。

（二）小费在中国传统文化中缺乏生存根基

传统中国是以农耕为主的小农经济作为主要的生产方式，这就有了彼此互帮互助、集体作业的需要，进而逐渐形成了中国人的群体文化心理。主要表现在：提倡个人利益服从集体利益，崇尚无私奉献。儒家思想核心的"仁"就是"爱人"，可见利他的价值观在我国有着悠久的历史。而西方文化的基本特征是个体主义，即在个人与群体关系中，个人是核心，个人利益摆在首位，高度重视个人价值与尊严，对个人价值的张扬有时甚至超过了对国家利益的张扬。这种"个人利益至高无上"的集体无意识，使西方国家的人把"个人利益不容侵犯"的合法性推向了极致。[①]"利他"与"利己"的不同思维模式，使得人们对待小费这一交际方式形成了不同认知与习惯。在西方，小费代表着对个人价值的尊重；但是在提倡集体意识、无私奉献的传统中国文化中，导游提供殷勤的服务被认为是导游应该尽的工作职责，并且国人曾一度认为收取小费是一种违背了道德的行为。同时，由于文化背景的不同，中西方文化具有相当不同的自我概念以及自我和他人之间的不同关系。在西方文化是个人主义的、以我取向的、自我中心的外倾的文化，是以罪感为典型的社会，而中国文化是集体主义的、社会取向的、情景中心的，是内倾性的文化，是以耻感为特征的社会。[②]在西方的文化背景中，人与人是相互独立的，但是在中国的任何背景中，人与人是相互依存的，要求个体为他人考虑，主动关心体贴他人，帮助他人实现他们的目标与愿望。这些体现在服务行业中，就形成了服务员应该主动地想客人之所想，满足客人的需要，而客人只需心安理得地享受热情周到的服务，并不必为此觉得不安。中国传统文化倡导人人互助，相处友好，彼此以此为准则来相待，因而小费作为热情服务的价值标准就失去了文化的根基。

文化不是一成不变的，也会随着时间逐步发展。现在的中国，市场经济取代了传统小农经济，相对的上层建筑也会逐步的改变，人们的思想观念理应与时俱进。这一过程可能较为漫长，可能得几代人甚至需要更久。[③]但随着中西文

① 宫斐：《中西小费差异的文化对比探究》，《桂林旅游高等专科学校学报》2007 年 12 月。
② 宫斐：《中西小费差异的文化对比探究》，《桂林旅游高等专科学校学报》2007 年 12 月。
③ 宫斐：《中西小费差异的文化对比探究》，《桂林旅游高等专科学校学报》2007 年 12 月。

化的冲突与融合、中国服务业发展的现实需要，中国文化及制度的发展最终会引导人们对小费产生新的认识。③

第五章
导游的抗争

前文已经论述了导游 H 的生活史、生存困境及造成导游生存困境的原因。面对恶劣而艰难的生存环境,面对自身利益与权益遭受损害,导游并没有逆来顺受,他们努力发挥自己的能动性,积极运用各种资源,灵活采取应对手段,努力抗争。本章借用戈夫曼的戏剧表演理论来展现以导游 H 为主要研究对象的大理导游们在生存困境中所进行的抗争行为。

戈夫曼引入戏剧表演中的舞台这一词,它分为前台与后台两部分。本书中"舞台前的表演"指的是导游在其导游活动中固定的、为游客特定的情景部分,是可以被游客看到的,并且能使游客获得一定意义的部分。而后台是相对于前台而言的,是不能让游客所见,限制游客和局外人进入的部分,导游在后台能够获得"剧组"的支持,本书"舞台后的协调"指的是导游为了获得前台表演的成功,与旅行社、司机等成员在后台所进行的协调。

第一节　舞台前的表演

在戈夫曼看来,社会就是一个大的舞台,每个人都是自己舞台上的表演者,他们通过在舞台上的表演给观众制造某种印象,不断运用身体的各种象征姿势、符号来制造所期望塑造的印象,以维持正常的互动。为了在同一舞台前场域中表演一套共同的常规程序就需要相互协同、相互配合的一组人,戈夫曼把这组人叫作"剧班"。剧班里所有成员之间都是相互依赖、相互制约的。为了更好地完成表演,表演者通常会有针对性地挑选与其合作的剧班成员,以排除因心智能力或身体表演不合适带来的表演失败。[1]本书舞台前指的是导游与游客面对面直接交往的部分。而舞台前的表演指的是导游运用各种技巧与方式来使得自己的表演取得好的效果,以期游客对其形成良好的印象。

一、个性化的服务

当一个人出现在别人面前时,他们通常会想要了解这个人的情况,他们

---

① 岳敏:《表演、心智与身体中社会秩序何以可能——试析戈夫曼<日常生活中的自我呈现>》,《江西广播电视大学学报》2010 年第 1 期。

会对他的一般社会经济地位、他对他们的态度、他的能力、他的自我观念、他的可信赖性等产生兴趣。虽然看起来寻求这类信息似乎并没有其他目的，然而在其背后却往往存在着一定的实用原因。获得个体的信息，有助于定义情境，能使他人预先知道该个体对他们寄予什么期望，以及他们或许可以对该个体寄予什么期望。获悉这些方面的情况，他人自会明晓，为了唤起期望的回应，如何行动最为恰当。①导游接到旅行社计调的接团通知后会积极进行接团前的准备。通过各种方式确定客源地、游客人数、团队性质、性别年龄、文化层次等，通过尽量掌握游客信息调整自己提供的服务来满足不同游客的不同期望。

(一)年龄

游客年龄层次不同，其消费能力、消费欲望、喜好的物品及期待的服务存在着很大差别。有经验的导游都明白在提供导游服务过程中，应该尽可能多了解关于游客的各种信息，把握游客的喜好与期待，才能够更好地为其提供所需的服务，取得好的表演效果。大理导游将游客按照年龄分为三个层次：一是年轻游客(年龄段在 15～30 岁之间的游客)；二是中年游客(年龄段在 30～60 岁之间的游客)；三是老年游客(60 岁以上的游客群体)。导游们对不同年龄层的游客特征有着自己的分析，并据此调整自己所提供的服务。

H 解释说："尽管年轻人的消费欲望很强，但是消费能力有限，所以一般来说，年轻游客是不受导游们欢迎的；30~40 岁的游客的消费能力和消费欲望都较为一般；40~60 岁这一群体是消费能力和消费欲望都最高的一群；而 60 岁以上的，被称为老人团，这样的群体是消费能力最高而消费欲望最低。所以，在提供导游服务时，重点关注对象是 30~60 岁这个年龄段的游客，特别是在散客团中，应该不显山不露水地服务好他们。从服务需求方面来说，带老年团要求导游要细心体贴，走景点要慢，特别是在大理这样海拔较高的地方。同时因为老人群体一般见多识广，这就要求导游不能信口开河。他们如果问到了你不知道的事情，你一定要照实说不知道，不能乱讲，因为很可能会被他们识破，并且觉得你是在乱讲；讲解的东西要注意有一定的深度。年轻人则会比较喜欢奇异的东西，你可以讲些奇异的民族风情，他们偏爱开玩笑，喜欢幽默的导游，这时候导游应

---

① 〔加〕欧文·戈夫曼：《日常生活中的自我呈现》，冯钢译，北京：北京大学出版社，2008 年版，第 1 页。

该多讲些大理的趣事,特别是关于少数民族奇异风俗的。"

(二)性别

导游为不同性别的游客提供的导游服务有所差异。据导游 H 解释,女性游客与男性游客在大理购买物品的偏好不同,与男性相比,女性游客的消费欲望较为强烈,并且性别不同的游客所期待的导游服务也不同。

H 说:"当女性游客较多时,导游在讲解时,可以在讲解内容里适当增加特产的介绍。同时,女性游客会喜欢生育婚俗这块的知识,同时她们还喜欢被夸奖。如果女性游客人数很多的话,可以开开玩笑,你要让她们觉得自己啥都好,但是这样的赞美不能过分,否则她会觉得你假得很,会使她更加地不信任你。男性游客会更加偏好历史方面的知识,你可以给他们多讲些大理的历史文化,他会觉得你很有内涵,会更加喜欢你。同时在穿戴方面要时尚些,化妆要更娇媚些,衣服可以适当露些。如果可以的话,再穿上摇曳生姿的高跟鞋,说话的语气嗲些,这些都能够让男性游客更容易对女导游产生好感,有利于导游目标的达成。"

(三)职业

掌握游客职业方面的信息,有助于导游对游客的消费能力、消费欲望以及对导游服务的期待做出更准确的判断,所以了解游客的职业是导游提供优质服务的前提之一。一般来说,针对医生、教师、公务员等高素质群体,导游会更加注重服务的细节,表现出较为谦逊体贴的态度。在进行商品推销时,偏向于对于当地特产及银器的介绍。同时导游普遍认为医生、教师、公务员等群体要求的服务水平高,但是消费能力较弱、消费行为较为理性。所以,尽管这些群体令人尊敬,但是并不受导游欢迎。相较而言,导游更青睐于经商人士以及拆迁暴发户等游客。导游认为这两类游客消费能力高、消费欲望强,并且对于服务水平要求普遍不高。

(四)贫富

大理导游对于贫富游客有着一种很复杂的态度。据导游 H 介绍,目前在大理从事导游行业的几乎都是农民出身,父母都是脸朝黄土背朝天的农民,所以他们在对待从农村来、穿着朴素的游客会有一种心疼与怜惜的情感。导游 G 说:"我经常接到年纪很大的老太婆,看着也知道肯定是人生里头第一次出游,也可能是最后一次出行了。她们很少买贵重的东西,可能带她们我赚不到什么钱,但是我还是觉得心里很舒服。我是这样想的,她们就是我妈妈这样年纪的人,好不容易盼到孩子们长大,可能是几个孩子每个凑着点钱给父母出来看看世面,这些老人自然也是舍不得花钱的。我很能理解,也会采用不同的方式来带他们,尽可能地让他们少花钱,给他们推荐更加适合他们、更加物美价廉的东西。"导游 C 是已经有 8 年导游经验的老导游,圈子里都说她脾气不好,经常骂游客,如果有散客团游客明明很有钱却一点东西都不买,那么她可能就骂得更凶。笔者与她聊天时,她说:"我只骂不懂得尊重人的富人,如果是农民朋友过来旅游,我对他们是较为尊敬的。如果这个团一看就是农民,那么就算逼他们买,他们也是买不起的;这样的游客可以欢迎他们有钱的时候再来这里旅游;而需要骂的游客就是那些明明很有钱但是就是不买东西并且话多的、不会尊重人的游客,对待这样的游客就得逼他、骂他,不然一样东西不会买的!"笔者随导游 L 带团时,导游 L 表示一致意见,说:"你看那几个女学生不消费,我倒是不想怎么说,因为我家孩子也在上大学。但是如果是个有钱却嚣张的主,我不让你掏出钱来买东西,那就是我的错了!当然待人很好的有钱游客,我也不会过于逼着他买。"

导游对于不同游客的喜好。笔者说:"感觉像是在集市上看牲口样的。"H答道:"是的,我们就是看'毛色'①!我们喜欢穿着好的、皮肤白点的,还有就肚子大点、胖点,反正就是所有有消费能力的象征的,我们都喜欢!"

(五)客源地

每个省区的游客都有不同的地域性格,期待的服务各异,导游提供的服务也会相应着变化。

1. 北京游客。"北京来的游客,需要捧着点,导游应该给予他们最大的尊敬,这样才能出单。他们觉得自己是首都来的,你们都是乡下人,你们是农民的孩子,他们希望导游能够给予他们极大的尊敬,所以,导游就得好好服务,让他

① 在导游眼中,游客都是一只待宰的小肥羊。毛色这里本意为团质,指的是游客的消费能力与消费欲望。

们感觉他们就是首都的,你很穷,需要让他们买点东西接济一下你。北京的游客很不好带,自以为是首都来的人,是比较自大的,很喜欢挑剔,消费能力较为一般。"①

2. **广东、海南、福建等地游客。**"这些地方的游客的特性是消费能力强,却相当地精明,一般不会买东西。我们很是不爱带,他们很不爱消费,对这样的游客,我们说话要重一点,是要激一激他们的。必须得讽刺他、打击他,说他们什么都买不起,说他们连云南人都比不了。为了向导游证明自己的消费能力,他们一般都会愤起而买之,从而达到了导游让游客消费的目的。"②

3. **新、甘、青等地游客。**"贵州、广西、青海、甘肃、陕西等省份的游客来我们这里旅游的人消费能力是比较低的,新、甘、青来大理旅游的游客很多,但是出单的不多,所以不会抱太高的期待。"③

4. **江浙、山东、山西等地游客。**"消费能力最高的地区是江苏、浙江、山东、山西。当导游接到这些地方的旅游团,就代表着好团。一定要服务好,甚至得自己掏钱买点小特产送给他们。这些地方的游客都喜欢性格较为直爽、服务较为细腻的导游,所以导游得表现得要多热情就有多热情。"④

5. **湖南、四川等地游客。**"湖南人,油得很,戒心也很大,很难带,也小气的很;四川人话多,油嘴滑舌,好的就很好,差的就很差。比较痞,我们导游说一句,他们要说十句。四川人喜欢与他们玩得来的、打得拢的导游。所以在导游过程中,要注意与他们都聊聊天,真诚一些,他们把你当作朋友了,你的目的就实现三分之二了。"⑤

6. **云南本地游客。**"云南本地的游客,基本上都是没有钱也没有消费意向。所以我们都很不愿意带省内团的。这样的团只有对症下药,才有可能取得他们的满意。并且不能逼着他们买,都是省内的人,谁怕你啊!"⑥

7. **东北三省游客。**"东北三省是非常好的客源地,并且喜欢买东西,出手也阔绰。东北人喜欢豪爽的、直率的导游,比如这次我带的东北团,因为是一伙东

---

① 访谈对象:H;访谈地点:H租房内;访谈时间:2012年6月19日。
② 访谈对象:H;访谈地点:H租房内;访谈时间:2012年6月19日。
③ 访谈对象:H;访谈地点:H租房内;访谈时间:2012年6月19日。
④ 访谈对象:H;访谈地点:H租房内;访谈时间:2012年6月19日。
⑤ 访谈对象:H;访谈地点:H租房内;访谈时间:2012年6月19日。
⑥ 访谈对象:H;访谈地点:H租房内;访谈时间:2012年6月19日。

北大男人,我就会根据这个团的特点采取适当的导游方式。首先因为这是一群男性,那么我要打扮得更加女性化,女性气质要突出。其次他们是东北的男人,保护欲特别强,那么我需要显得较为娇弱。并且在服务的过程中,东北人,一定要顺着他,捋顺他的毛,不能将他惹滋了。他们的自尊心也很强,所以一定要真诚、要热情、要赞美,千万不能用激将法。东北人你敢用激将法,你就死定了,他们可能一分钱都不给你消费。"①

客源地在很大程度上决定了游客对于导游服务类型的喜好,导游会根据游客来自不同客源地采用不同的导游方式。与此同时,游客的消费额度在很大程度上与其客源地密切相关,但也不排除特殊情况的发生,所以这在某种程度上又给了导游"希望",同时根据客源地区情况,导游会适当调整讲解中所要推销的翡翠与银器的比重。

(六)团队人数

导游根据团队中游客人数的多少来决定最有效的讲解方式。第一种情况:游客人数偏少。如果游客人数在6人以下,那么旅行社派出的旅游车辆一般是面包车或者商务车,在这种情况下,导游会采取与游客坐在一起、面对面聊天更加亲密的方式来进行导游讲解。由于游客的人数较少,导游能与每位游客都展开交流,通过聊天来了解游客感兴趣的产品是什么、喜欢什么方式的导游服务等等,根据游客的兴趣喜好来决定自己的讲解内容及服务方式;聊天式的讲解更容易使导游与游客建立感情。第二种情况:游客人数较多。游客人数等于或超过7人,旅行社便会安排车位数量合适的旅游大巴,在这种情况下,导游要了解并照顾所有游客的兴趣就不太可能,但这并不意味着导游什么都不能做。导游会在游览中找合适的机会了解游客信息,比如导游会在游客自由游览大理古城时尽可能找机会与大多数游客至少进行一次面对面的交流。同时,导游通过仔细观察游客的衣着及佩戴的饰品判断游客是否具有消费能力,在判断游客具有消费能力的基础上,导游会进一步寻思该游客是否还有消费空间,比如游客是否已经佩戴了翡翠,如果游客已经佩戴,再买翡翠的可能性就很小,导游可能在接下来的讲解中侧重银器或当地土特产

---

① 访谈对象:H;访谈地点:H租房内;访谈时间:2012年6月19日。

的介绍。同时,导游可以通过与游客的交流得知该旅游团队的领导者是谁,哪位最具消费能力,这些信息对于导游至关重要。但是"个人直接处于他人面前的时候,很少会直接为他人提供关键性的信息,而他人若要明智地指导他们自己的行动,这种信息又是必需的。许多关键性的真相存在于互动的时间与场合之外,或隐匿于互动之内"。[1] 所以,与游客互动是取得关键信息重要的一步。对于导游来说,一个团队能有几个人进行大手笔的消费就已足够令人雀跃,一整个团队都进行大单的消费是不太可能的。导游若能掌握并且服务好团队中消费能力强的游客, 就有可能利用这些游客给旅行社交一张漂亮的"出单"。而这些消费能力强游客的信息得从导游与游客的交流、导游对游客的观察中获取。

(七)团队性质

旅游团按照游客的参团性质可以分为散客拼团与团队团。散客拼团指的是散客在旅行社报名后,由旅行社组织选择相同目标的其他游客,统一安排旅游房、餐、车、导游等,组成一个较大的旅游团队进行旅游。[2] 团队团是指以家庭或者小群体为单位的独立团队,单独用车,有专门的导游,整个旅游过程都有专车专导为其服务。对导游来说,与散客团相比,团队游客比较容易服务,主要原因是散客团游客来自天南海北、人多口杂,而团队客人组成性质较为单一,一般由一个大家庭或是同一单位的同事组成,只要抓住其中的"领导人"就可以服务好整个旅游团体,导游会比较轻松。导游面对不同团队性质的旅游团会采取不同的服务方式。

散客与团队本质是不同的,比如说散客组成的旅游团,都是来自全国各个地方的,鱼龙混杂,每个游客都有自己的想法,有时候很难统一,你好声好气地和他们说好了"一定要统一行动!"但还是有些游客就是不听指挥,很是头疼,很容易耽搁行程,到时候团队里的其他游客又来找导游麻烦。对于某些独断专行的游客,导游们根据多年实践操作得出一条经验就是——温柔对待散客团队根

---

① 〔加〕欧文·戈夫曼:《日常生活中的自我呈现》,冯刚译,北京:北京大学出版社,2008 年版,第 1 页。
② 资料来源:百度百科"散客拼团"词频,http://zhidao.baidu.com/question/2982681.html,搜索时间是 2012/10/27,19:59 分。

本不可行！只有靠骂、必须要骂！骂了才听话！团队团不同于散客团，团队团只能依靠细致周到的服务取胜，而散客团必须要压要逼，不然的话出不了单。但是"逼""压"这两招不能用在团队团身上，你要是采用"逼""压"的方式很可能引起整个团队的激愤，因为原本就是一个群体，很容易齐心的，导游一"逼"他们，他们不仅可能不给你消费一分钱，还很有可能到旅行社或者旅游局去投诉导游，并且现在大理旅游局对于团队团游客的投诉相当重视，一旦发现就会追究到底。导游除了名誉受损，还可能因此会被扣分、罚钱甚至被吊销导游证。散客团的游客一般都是个人独行或者三三两两结伴而来，他们初到旅游地普遍存在着一种陌生与恐惧感，面对导游不良的推销方式，一般不敢吭声，同时由于散客团是由来自全国各地的游客拼在一起，对于导游的"压""逼"等推销方式，一般不会群起反抗，因为很难齐心；即使散客觉得导游服务很差劲、特糟糕，向旅行社进行投诉，只要没有造成特别恶劣的影响，旅行社都会对导游进行包庇，毕竟两者是紧密相连的利益联合体。就算散客实在很气愤，直接到旅游局投诉导游，旅行社也会出面尽力帮导游解决的。所以，对待散客必须"逼""骂"的原因有四点：一是不骂的话，人太多太杂，无法统一意见、无法统一行动，散客还可能给导游扯出很多的乱子，完不成行程，其他游客责怪导游；二是不骂是不会出单的。按照我们的经验是：你骂他，他怕你，自然就会消费了。三是游客消费后，商家返回的回扣中，旅行社占大头，所以旅行社会为导游出头，甚至有些旅行社会鼓励导游用各种方式来操作散客团队，甚至允诺导游"如果出了什么事情，我和你一块去旅游局！"旅行社的包庇无疑使得导游对待散客的手段更加多样。这些因素综合起来，使得导游可以为了让游客购物而无所不用其极。而团队游客，一般都是同一个单位或者同一个系统之类的，这样的游客比较好带，商量事情也比较好，说让他们统一行动就一般都不会自己乱走掉。一般来说都有个领头羊，只要招呼好了这个头，其他的事情也比较好办。面对特别难带的散客团，比如游客不购物并且很不尊重导游，导游可能会甩团。但是导游甩团一般都是得到了旅行社与司机的同意，应该可以说甩团是旅行社、司机和导游三方决定的结果。

　　散客团里不同游客的消费能力，差别可能非常之大，其中的"黑马"是导游需要辨别的，辨别出"黑马"并且服务好"黑马"对于出单是至关重要的。团队的话，要跌就跌个干净，要买的话都买得好；所以在散客里，导游偏爱"黑马"，更愿意为其提供优质的服务。尽管团队团里也有"黑马",但是导游不能表现出对其过分偏爱。①

"散客,必须得逼、得骂,不然你不仅完不成游览任务,更别提出单了!"导游L告诉笔者。散客应该如何"逼"?可分为两种:一是程度较轻的"逼迫"。比如2012年6月8日,笔者跟导游L出团,即将进入P购物店之前,导游L与散客说的最后一句话是:"买一件是心意,买两件是情意,一件不买,无情无义!"二是程度较重的"逼迫"。如笔者在跟团中听一位男性导游谈自己的导游技巧:"游客一从购物店出来上到旅游车上,我就准备一张纸,让游客写下自己的名字及消费的金额,一旦有游客没有购物,就让他画一个大大的'0',告诉他如果下一个购物店他再不消费,他就要被请下旅游车!"导游通过威胁与恐吓的方式达到"逼迫"游客购物的目的。

(八)文化层次

不同文化层次的游客出游目的可能不尽相同。文化层次较高的游客除了想要放松与娱乐自己,可能还希望在旅途中收获知识、增长见识,而文化层次相对较低的游客最主要的就是让他们觉得开心。H说:"面对文化素质较高的游客,要注意将趣味性融入知识性中,不能纯粹的只有趣味性,到了具体的推销翡翠这一步的时候,不能过分推销。可能对于文化层次较低的人,你可以忽悠一下,用各种典故、笑话、俗语等来给他们讲翡翠的好处。但是对于素质很高的游客,他要是觉得你在忽悠他,可能就导致他的反感,你只要轻轻提一下就行了。这样一来,他可能更会觉得你这个人踏实、人好,可能就去消费了。对于游客们具体从事的职业、文化层次、性别类型等,只有在接到团之后,在与游客相处的过程中,通过导游的观察与交流慢慢地去了解,再根据情况随机应变。不论游客是文化层次高的还是较低的、是团队客还是散客团、是男性还是女性、是年老的还是年轻的,导游都有一套个性化服务的技巧。但是当这一切遇上了特别精明的游客,任何技巧都是派不上用场的,导游就没法子了。"

---

① 访谈对象:H;访谈地点:H租房内;访谈时间:2012年6月19日。

二、信任形象的重建

演技高超的模仿者从一开始就会声明他们并没有什么意图,只不过是开个玩笑,但这似乎就是他们使用的一种能使我们"逐渐消除"某些担忧的方法。[①]导游群体中的害群之马加上大众媒体大肆片面的宣传等原因使得游客们在出游之前已经丧失了对导游的信任。导游要想出单,重建游客对导游的信任是导游工作的第一步。关心游客的需求、体贴游客的心情、展现"真实"的自己是导游建立与游客之间友好关系、取得游客信任最初也是最关键的一步。在某些情境下,观众会有一种自我适应的能力,他们会根据自己的信念来接受表演给予的暗示,并把这些暗示看成比符号本身更为重大,或者是不同于其本身符号载体的证据。[②]H说:"只有游客对导游产生了好感,建立了信任感,才会相信导游所说的话,才有可能会被导游所介绍的产品所打动而发生消费行为。"

(一)纯玩不购物

导游为使游客信任自己,首先会树立游客对于旅游地的信任,消除游客戒备心理。当游客一上旅游车,导游 L 通过与昆明旅游的对比来说明"大理是景点旅游,纯玩不购物",用摆事实的方式来打消游客顾虑,一定程度上消除游客戒备心理。

各位游客来云南旅游,选择的是一条黄金线路,昆明、大理、丽江,可能还有些游客要到香格里拉。昆明是商业旅游,大理是景点旅游,丽江是文化旅游,那么香格里拉,就是高原旅游了。我们首先说说昆明的商业旅游。大家在昆明都干什么了?(游客答:石林)那么其他的时间都干什么了?(众人答:购物)对了!就是购物了!非常的直接!和我们少数民族一样,有啥就说啥。我们少数民族也是这样,非常的直爽。R 购物店大家都去了吧?(一些游客答:我们没去)哪几位没去?你们没去。那么 S 购物店你们去了吧?你们在昆明的时候是自己游览的吧,

① 〔加〕欧文·戈夫曼:《日常生活中的自我呈现》,冯刚译,北京:北京大学出版社,2008 年版,第 48 页。
② 〔加〕欧文·戈夫曼:《日常生活中的自我呈现》,冯刚译,北京:北京大学出版社,2008 年版,第 47 页。

其实石林呢,两个半小时完全可以搞定了。其他的时间呢,就是让你们购物了。那么商业旅游是什么呢?就是90%的时间在购物店里,只有10%的时间是在景点里,让你们玩。那么到了丽江看什么呢?就是让大家看世界级文化遗产——丽江古城。江泽民曾经也来过,并在那个地方题词。还有就是东巴文化,因为纳西族有自己的文字和语言,这就是文化旅游。当大家到了香格里拉,就是属于高原旅游了。光是香格里拉的城区就有3300(米)的海拔,而大家的行程里,有普达措国家公园,海拔更高,海拔高的地方,气候会偏冷。这两天还不错,是天晴了,前两天这边是下雨,一下雨,那边的气温是非常低的,非常冷。这个时候你们选择香格里拉,是最好的季节。为什么呢?因为那个地方,杜鹃花开了!非常漂亮的季节。5月份到7月份是最好的上香格里拉的季节。而我们大理属于景点旅游,所以,我们今天要游览的景点非常多。

我们这车游客有些是选择了A线旅游,有些是选择了B线,但是这两条线路,只有第一个景点是不同的,之后就是一样了。A线的第一个景点是天龙八部影视城,B线的第一个景点是崇圣寺三塔。除了这个之外,下面的大理古城、蝴蝶泉、洱海游船,就都是一样的了。而我们百分之百的时间都在景点中,不去任何的购物店。我们大理的景点旅游怎么样?(众人兴奋的答:好!)①

(二)关爱换信任

导游在提供导游服务中,会通过各种善意的提醒、热切的关心等展现导游对游客的关爱,以期建立好感。H说:"我们旅行社的行程平均为两天,我觉得这个时间把握得非常好,让我们有足够的时间来营销自己、推销产品。第一天我们是卖自己,第二天才是卖东西。自己卖不出去就别想卖东西。与游客接触的第一天,千万不要大谈商品,第一天要做的事情是必须消除游客的戒备心理,建立游客对导游的好感,取得游客全身心的信任。如果你一接到旅游团,不谈大理的风土人情,不谈大理的风花雪月,而是去谈商品的话,这个团你就准备直接'挂蛋'②吧!因为游客已经直接把你定位为'导购'而非导游,你别想他们再为你购物。作

① 被记录者:L;记录地点:旅游车内;记录时间:2012年6月7日。
② "挂蛋":购物店给导游的该团游客购物产品及消费额度的清单,如果该团游客没有进行任何的消费,清单上显示的数字即是"0"元。"挂蛋",不仅意味着导游赚不到钱、倒贴,同时旅行社、购物店、司机等都会不满意。导游多次"挂蛋",就将面临被旅行社"踢掉"的命运。

为导游,你必须先把你的'游'这部分给客人做到位了,不然你就没得购。"

大家现在先拍照,拍完以后顺着大路走下去,从大门出去或者是从旁边的南门出去都可以。从南门出去经过一个集市就可以达到停车场,这个集市上有很多药材,什么天麻啊,三七啊,大家千万不要买,因为那里的假药比较多。药这个东西不要随便买,容易吃坏人的。除了不要买这里的药,我同时还有两个提醒:第一是喜欢吃水果的朋友注意了! 我们在酒店、餐厅、景点门口等地方肯定会碰到很多卖水果的当地老百姓,大理的水果非常漂亮也很可口,大家可能会想买点,这个水果要怎么买呢? 我提醒大家千万不要论斤来买。要按个数或者堆来买。一个多少钱,一堆多少钱,你觉得合算就可以买了。这样的话,就不会吃亏了。他说 10块钱 6 个,你就和他讲,10 块钱 7 个或者 8 个,行不行。如果你论斤和他买的话,1 斤给你 5 两或者 6 两就差不多了。所以一定要按个数或者堆来买,因为论斤卖的话,容易被少称。第二个,喜欢抽烟的朋友的注意了! 千万不要到小餐厅、小酒店去买,因为这些地方的卖主可能当时给你抽的烟是真的,但是卖给你的烟可能就是假的了! 这些假烟抽了之后对身体影响非常大。我们本地人买不到,但是大家过来就能买得到了。所以大家一定要多加小心。大家出门旅游,一定不要贪小便宜,小摊小贩可能东西便宜,但是便宜无好货,好货不便宜。①

导游在带领游客游览之时会时刻注意关心和提醒游客,比如告诉游客在哪里拍照可以留下最美丽的身影。"这里可以拍一拍照,但是注意了,不要滑到水里了。""这个石头大家可以拍拍照。""大家出去以后往左边走,可以慢慢走,不要走得太快,注意安全"等,这些提醒能够让游客随时感受到来自导游的关心。不仅只有提醒,导游还会适时主动为游客做一些力所能及的事情,比如为游客们拍照,以此建立朋友关系。旅游车司机对笔者说:"在接团的时候,就可以很清楚地看出这个团的团质,看他们的衣着、饰品、年纪等。其实导游在很多讲解当中,都是有深刻含义的。你应该听出其一还要知道其二。像我们司机,当游客在旅游车后备厢里放东西的时候,有些游客,我们会让他自己把箱子放进去而不管他,但是有些游客,我们会主动将他们的箱子放进后备厢,

---

① 被记录者:L;记录地点:崇圣寺三塔景区门口;记录时间:2012 年 6 月 7 日。

这是有差别的。不论是导游还是司机,我们在服务中一定会与最有可能成为"黑马"的那位游客搞好关系,随时随地注意他的需求。"所以,关心爱护游客,特别是"与黑马交好"是导游在为游客服务时重点关注的事项之一。

(三)嘱咐换信任

等会儿到了大理古城,大家跟着我走就行了,不要坐电瓶车了。现在是大清早的,大家当是做做晨间运动了。还有,咱们出门旅游,该花钱的地方花钱,该节省的地方就节省。哪里需要花钱,哪里需要节省,我都会告诉大家的,大家自己衡量就行了。进古城之前,我和大家交代一下,古城被称作"卖银一条街",大家请注意了,最好不要买,里面真的多,但假的更多!那些银器,你看外面好像是银子,但里面其实是铝粉。你们分不清哪些是真的哪些是假的,所以直接不要去看。还有这里的玉石,A货多但B货更多。B货充当A货卖。其实说白了,这些店铺都是我的叔叔阿姨开的,他们和我说,你把客人带过来,我给你回扣!我说我不愿意拿着你那点回扣去坑人。因为这里的东西真真假假、假假真真的,如果大家花大价钱买到的是假货或者是质量不好的东西,到时你想退货退不了,我也帮不了。等会儿大家到了里面也不要再问我,"导游,这里的东西可不可买?"我也实在不好说,因为里面好多都是我的亲戚朋友、父老乡亲在里面做生意。如果我说不可以买,那我是不是得罪了他?如果我说可以买,那是不是对不住大家了?所以,请大家考虑清楚。

还有大理的披肩、围巾都很不错,金花姐可能会感兴趣,也不贵,就20块一条,但是明天大家下丽江,丽江古城里面的围巾和披肩更多,店更多,你们的时间更多。到时候你们慢慢地挑,慢慢地选,去选个满意的。如果你们要是感兴趣的话,那些小吃,比如梅子、乳扇啊、饵块,你们可以买来吃。两三块,5块钱,这个可以尝尝。但是先不要1人头1块,因为不知道是否合你们的口味,不合口味丢掉就浪费了。先买1块,大家先都尝尝看,喜欢吃的再自己买。①

导游"进古城前的交代"能够充分体现导游的人情味与职业道德。善意的忠告与提醒能够给游客留下诸如"这位大理导游是极具职业操守的导游"

---

① 被记录者:H;记录地点:古城门口,旅游大巴内;记录时间:2012年6月5日。

"这位导游不会诱导游客乱消费，不会诱导游客买东西""这位导游品行不错"等印象，游客来旅游之前普遍会觉得导游会想尽办法来掏空自己兜兜里的钱，但是没有想到的是，这位大理导游却想着为游客省钱，与媒体在大众头脑中塑造的导游形象比如"宰客""骗客"等明显不相符合。当游客们倾向于相信自己的亲身实践时，由此可能对这位大理导游留下更好的印象。导游深知游客对表现势利的导游存在着严重的排斥心理，在导游讲解与服务中，导游会通过各种方式展现自己不是"势利"的人、不是昧着良心赚游客钱的导游。导游采用"关心游客、为游客省钱"的表演方式，游客对于"导游值得信任"的形象就逐渐建立起来了。

(四)坦白换信任

大众媒体大肆报道"导游会从游客购物中赚取回扣"，使得游客对于导游工资的来源都充满了猜疑，但是都不确定导游工资的具体构成，也不清楚导游能够从游客购物中拿到多大比例的回扣。导游了解游客这种猜忌的心理，主动"坦白"自己的工资来源以消除猜忌并增进游客对导游的信任。"我巴拉巴拉地讲了这么多，知道大家听着也是枯燥的，要是我是游客，我想我也会这样吧。但是这种处境我也没有办法，因为我的工资就是出在这里了，我带了你们两天，昨天和今天，唯一能出工资的地方就是这里了。工资也不高，100块钱里面有3块钱，也不是立即就返给我的，而是通过你们带着我的牌子进去之后，他们给我积分，到了月底他们将积分换成钱，一个积分一块钱，他们将这个钱打到旅行社，旅行社再通过工资的形式拿给我。如果你们觉得我的服务还可以，认可我了，那么就请大家给我发点工资吧！毕竟大家也知道我辛苦了两天。但是如果大家确实是不喜欢这些东西，或者是经济上有困难，那么就请不要为了给我发工资而去买。首先，你们必须自己喜欢了才买。"①导游对自己的团队游客说明了自己的工资来源就是游客的购物回扣，但并没有逼迫游客进去消费，而是让游客们根据自己的喜好，觉得符合心意了再买，体现导游完全站在游客的角度来考虑，在为游客着想。与想象中"诱导""导购"等完全不同的形象，游客对导游的好感会骤然上升，游客会想"导游对我这么好，辛辛苦苦为我们服务了

---

① 被记录者：H；记录地点：旅游大巴内；记录时间：2012年6月6日。

两天,如果什么都不买的话就太不仁义了,不符合中国传统的'礼尚往来'的礼节",而这正是导游的表演目的。当游客即将进入购物店,导游"真心为游客、细心为游客"的心思还会更加突出:"如果你们需要我帮忙的话,就请给我打电话,牌子上面有我的名字和电话,你们不用拿你们手机打,你们的手机是漫游的,让服务员给我打就可以了。里面有空调,会有些凉,大家别冻着了,需要的话就带个外衣。卫生间在最里面。希望大家参观及购物愉快。"①

(五)真诚换信任

"在服务游客的时候,要重视领导,不能太过于势利,要真心相待,因为大家都不是傻子,你要是假假地去表现自己,很容易被感觉到而被更加厌恶。如果是团队出行,有领导的话,一定要把领导服务好了,如果没有领导的话,那么尽可能与每位游客都说上几句话,让他感受到你的关心。可能开始接触导游时,他们会有排斥心理,但只要你用真诚的心去与他们交流,你就会发现他们会喜欢上你的。带团的这两年来,我一直都是怀着一颗真诚的心去与他们交流的,所以当游览结束,游客签署意见单时,他们对导游的评价都是写上满满的、赞扬的话语,可惜的是旅行社对这些却视而不见,他们只管你有没有出单。在带团的过程中,讲话什么的,不管是介绍风情还是推销翡翠都不要显得太过于势利,这样很容易引起游客的反感。人与人之间真的是相互的,游客出来玩,又不是出来受气的。就算有的时候他们一分钱都不买,我心里再不开心,在他们面前我也是笑得好好的。赔钱的时候,只能自己回去疗伤了。我一般都是以对自己朋友一样来对待他们,但是免不得一些时候,游客根本不听你的,自己讲自己的,这时候我就会停下来,静静地看着他们。一般当我这样做的时候,他们就会停下来,他们知道这是不尊重我的表现,所以在后面会表现好一点。如果他们人很好的时候,我就会主动提出来为他们唱首歌,但是如果碰上素质很差的游客,说真的,没有唱歌的兴致。但是更多的时候,我会为他们唱上五六首歌。游客们都是喜欢唱歌的,特别是穿着民族服装唱着民族歌曲的小姑娘。"②

当一个人在扮演一种角色时,他必定期待着他的观众们认真对待自己在他们面前所建立起来的表演印象。他想要他们相信,他们眼前的这个角色确

---

① 被记录者:H;记录地点:旅游大巴内;记录时间:2012 年 6 月 6 日。
② 访谈对象:G;访谈地点:H 租房内;访谈时间:2012 年 6 月 19 日。

实具有他要扮演的那个角色本身具有的品性,他的表演不言而喻也将是圆满的,总之,要使他们相信,事情就是它所呈现的那样。与此相同的是,流行的看法也认为,个体是"为了他人的利益"而呈现自己的表演。[①]导游通过不断展现自己为游客着想、关心游客所需,展示自己可亲可信等良好道德品质,从而获得游客信任与好感。若要使表演成功,导游就必须让大多数游客相信他是真诚的。这就是真诚在戏剧效果中的结构地位。[②]

三、隐蔽式的推销

(一)史地知识与产品推销

我们大理处在云贵高原西北地区,1956 年 11 月 22 日成立了大理白族自治州,下辖 12 个县市,总面积 2.95 万平方公里,州府设在大理市下关镇,也就是我们现在的地方。下面的"下",关口的"关"。说到下关这个地方,有个提醒了。因为下关这个地方靠近边境,大家知不知道它靠近哪个国家(众人答:缅甸),对!靠近缅甸!苍山背面过去 500 公里就是缅甸密支那那些地方了。缅甸有两种东西最为有名,大家知不知道是哪两种?(众人答:翡翠!)大家可能都知道了,昆明导游应该和大家说过了。密支那就是世界上唯一能出产翡翠的地方。以前缅甸密支那这个地方是归属于我们南诏大理国的,直到新中国成立以后,1960 年中缅重新划界,将它划给了缅甸。大家知道这里有两条公路从大理穿过,320 国道,大家都知道吧?就是有名的滇缅公路,同时它又被称作三色通道,大家知道是哪三色么?一个是白色,一个绿色,一个是黑色。白色是因为这里是白粉等毒品入境的重要通道,黑色是因为偷运枪支弹药,绿色就是缅甸的翡翠玉石主要就是通过这条道路达到大理,再从这里输送到全国各地。现在我们走的这条道路叫作 214 国道,就是有名的茶马古道了。从云南的西双版纳到思茅就是现在的普洱,过了普洱往上走就到了大理、丽江、香格里拉,进入西藏。大理同时也是亚洲文化的十字路口,茶叶、丝绸、珠宝、邛杖等,从各地汇集到了这里,从这里通过马帮走向印度等国家,几乎每个马帮都有个"灵魂人物"叫作马锅头,马

---

① 欧文·戈夫曼:《日常生活中的自我呈现》,冯刚译,北京:北京大学出版社,2008 年第 15 页。
② 欧文·戈夫曼:《日常生活中的自我呈现》,冯刚译,北京:北京大学出版社,2008 年第 57 页。

锅头这样的领头身份如何辨别呢？他身上会戴着一样东西。就是手上有个银臂环，这个臂环越宽代表他的身份越高。为什么是这样呢？是因为马帮许多时候得穿过原始森林，森林里经常有瘴气，这样的气体可以置人于死地。如果在充满瘴气的林子里扎营休息，那么可能第二天这个地方就会尸横遍野。这个银臂环能够对这种瘴气产生反应，变成黑色，所以，当银臂环变黑了，马锅头会让大家快速穿过这林子而避免灾难的发生。现在这样的银臂环已经演变成我手上这样的银环了，既能起到识毒气的作用还能起到美观的作用。臂环本来是男人的东西，为什么现在女人也带着呢？大家可以看看我们旁边的田野，大理是一个农业城市，两座山之间框着一小块地就是人们生活与耕种的坝子了，不像你们北京、上海那样有广阔的土地。现在这个季节，这几天你们可以看到很多妇女在田间弯着腰劳作，她们具体在干什么呢？插秧。因为长期将手泡在水里，很容易感染湿气，导致风湿病，非常疼痛，所以这里的妇女手上都会戴着银镯子来避免这样的病痛，还能消肿杀菌。那么刚刚出生的小婴儿，戴着一个小小的银环子能够消除他从母体带来的湿气。马锅头还有两件随身戴着的物品，就是银碗和银筷子。马帮一般驮运的物品比较多，自然价格不菲，很多路人可能想打主意，明枪易躲暗箭难防，所以用银碗、银筷子试毒。我们在武侠小说和武侠电影里经常可以看到武林高手用银针或者银筷子或者女性的银发簪放在酒里或者水里试毒；还有，马帮走的路程非常遥远，有时候甚至要走上千公里，很多马帮都可能因为水土不服怎么的导致身体不适，但是我们大理国的马帮却不会，因为大理国以来，这里的银器就被称为银中之王，消毒杀菌的功能很是强大。在大理有一个专门打制银器的银都，明天你们可以看到。以前的大理国皇室里面的银碗、银筷子等都是从这个银都打造出来的。①

(二)白族婚俗与银器推销

今天下午大家都去喝了三道茶吧？好不好喝啊？三道茶和人生是一样的，一苦二甜三回味。首先我们得吃很多的苦，最后我们可以回味我们的一生。这个茶艺表演中，有非常意思的一段，叫作掐新娘。中国55个少数民族中，只有我们白族人们在出嫁的时候喜欢别人去掐她，不掐便罢，你一掐啊，必须把女孩子给掐

---

① 被记录者:H;记录地点:旅游大巴内;记录时间:2012年6月5日。

青掐肿,这代表你对这个女孩子的祝福就越深。如果没有人掐的话,就证明这个女孩子的人际关系不好,大家都不喜欢她,所以才懒得去掐她。所以一到结婚这一天。新娘身上都是青一块紫一块的,越青越紫,就代表了大家对她的祝福就越深越真诚。但是掐新娘不是到处都可以掐的,好友只能掐手臂和身子,小脸蛋是要留给父母掐的,如果你上去掐错了的话,新娘子就会不高兴了。掐新娘只能掐三把:掐一把喜洋洋,掐两把婆婆待你赛亲娘,掐三把夫妻恩爱幸福长。大家知道不知道掐四把是什么意思?掐四把就是耍流氓啦!所以大家不能乱掐哈。掐出问题就麻烦了!说到这个,给大家介绍下白族人的婚礼,第一天叫作打彩棚,第二天叫作正喜日,最热闹就是这一天了,第三天是回门日,就是新娘回自己父母家吃饭。这和大家那里的婚俗也差不多吧。这几天中间就数正喜日最为热闹了,在这一天,新郎一大伙人会吹着唢呐到女方家去迎亲,女方父母会考考姑爷,比如在一个晒盘上放上剪刀、算盘、秤砣,亲朋好友会出各种各样的考题,新郎要是答不上来呢,那么(要想)结婚就难了。剪刀是希望他们希望这对新人以后勤俭节约;算盘是希望他们以后过日子会精打细算;那么秤砣呢,就是希望他们的生活称心如意。如果新郎答不上来的话,这辈子也别想把新娘娶走了!所以为了应付这样的问题,新郎必须准备各式各样的答案,据说这样的紧张场面是不亚于高考的!在出嫁的这一天,父母会准备一碗米饭,但是新娘只能吃3口,同时用自制的竹筷子染成红色,一共12支筷子来吃这3口饭。第1口饭,新娘要吃下去,代表了父母的养育之恩;第2口饭,不能吃下去,要吐到右手心里;第3口饭,不仅不能吃掉还要吐在手帕里包好。在新娘家拜完堂之后,女儿哭着离开,一边将吐在右手心里的饭洒在院子里,意思是虽然我嫁出去了,但我是嫁出去的女儿不是泼出去的水,我现在把我的口粮留在这里了,我还是会时常回来看望父母的,也表达了对父母的留恋之情。吐完饭之后,新娘要马上戴上墨镜来遮羞。新娘到了男方家之后,必须做一件事就是把手帕里的第3口饭洒在灶台上,意思就是现在我嫁到你们家了,不是来你家白吃白住的,我把自己的口粮也带来了。这个结束以后,新郎新娘就要马上到卧室去抢枕头,谁抢到了枕头以后这个家做主的就是谁了。要是抢不到枕头,以后家里的重活、脏活就是你的了。现在大家可以往左右两边看一下,你们看到的这些正在田地里干活的这些人就是在结婚的时候没有抢到枕头的那个了!

　　现在大理白族人们结婚的陪嫁品也多了。经济条件好的人家,陪嫁物品可能连房子都有,经济条件差点的,可能就少点了。但不论这个家庭的经济条件如何,有一样陪嫁品是必不可少的,大家知道是什么东西么?(众人答:不知道。)银碗和银筷子!结婚之前,新娘父母会把银碗和银筷子送到男方家,在新婚的那一天,婆婆会把银筷子藏到新人床的垫被底下,等第二天新人早早起床之后,婆婆就会赶紧翻开垫被,去看看筷子的形状,如果弯曲得厉害,说明她很快就可以抱孙子了!那么银碗用来干嘛呢,主要是给小孩吃饭用的,能起到消炎杀菌的作用。

银器与貔貅都是白族人们的喜爱之物,貔貅是订婚之时女方送给男方的信物,是我们大理"招财进宝"的神物。同时,银器在我们大理有着非常特殊的地位,不是大理白族的人没有钱才佩戴银器而不是金器。我们这里有这样的一种说法:穷戴金,富戴银。大家都可以看看这些随着车逝去的白族建筑,都是一栋栋的小别墅,价值可都是上百万的,但是戴在他们身上的饰品,不管是男性还是女性,几乎全部是银器,这就是白族人们对于银器的喜爱。这样的一种感情不是没有原因的。首先,银碗、银筷给小孩子吃饭除了能够起到一种消炎的作用,还能够检验食物是否有毒,就像金庸笔下的众多武侠小说中所提到的"用女人的银发簪子来检验食物是否有毒"一样。大理苍山上可食用的植物种类非常多,很多村民喜欢到山上去采食,特别是春末夏初的时候,山上的菌类多得遍地都是。大家都知道云南的菌类是非常有名的哈,苍山上可食用的菌类多,但是毒性巨大、不可食用的菌类更多,很多外地人不知道,随便采来就吃,结果就中毒了。但是我们本地的村民们不会,对于不了解的菌类,我们会用银器试毒。①

(三)生活习俗与翡翠推销

白族服饰里最漂亮的就是我身上所穿的衣裳了。这些衣服是我们纯手工用一针一线辛辛苦苦所缝制出来的,所以我们大理的白族女孩子从三四岁就要做嫁妆,因为一套新的白族服装需要缝制好几年的时间。这也是为什么我们的白族服装很贵,一套服装需要好几百块钱的原因。现在给大家介绍下我们藏在金花衣服里的"风花雪月"。大家看到我头上所带的这个闪亮的头饰了?这

① 被记录者:H;记录地点:旅游大巴内;记录时间:2012年6月5日。

个不称为"帽子"而是内蒙古的一个地名,与头有关(游客答:包头!)对的,包头!整个包头的形状呈弧形,弯弯的,就是洱海月;洱海月上面有花的地方就叫作上关花,上关花上面白白的绒就被称为苍山雪,而垂下来长长的穗子就被称为下关风。我们可以从金花们穗子的长短看出金花是结婚了还是没有结婚,如果金花的穗子长长地披到后面,那就说明这个金花还没有结婚,还没有意中人,咱们可以去追求她。呵呵,大家看到了我的长穗子了吧!如果这个金花的穗子只是齐到肩膀,那么意思就是这个金花已经结婚了,并且年纪在30多岁这样一个年龄阶段。穗子随着年纪增大而剪短。如果一位金花的穗子已经被剪得很短了的话,那么这就是年纪较大的金花了。金花的穗子可不可以去摸呢?可以的!它代表着男性对于女性的追求!摸金花穗子的男士会有两种截然不同的境遇:第一种就是她看上了你,那么你的日子就好过了,每天琴棋书画烟酒茶,要多潇洒就多潇洒、那日子要多逍遥就多逍遥!第二种就是她没有看上你,这样的话,你就惨了!只需一个电话,村子里就会来十几个彪形大汉,将你抬回村子,先让你干上三年的苦力再说!所以想要追求我们白族女孩子的游客可得小心了,行动之前千万要考虑清楚!

看一位金花是否结婚还能从另外一个部位看出来(这时导游让一位手上佩戴玉镯子的女游客高高举起她的手),这位金花,请你举起你的左手,是的,请金花举起来,看一下,知不知道了?(众人答:知道了!)那么我们看这个金花有没有结婚,除了从穗子可以看出还可以从她的手上看到,如果她带了这样的一个玉镯子,那么说明她要么已经结婚了,要么就是被人订了,咱们就不能去追求她了。在我们大理这里,有"无玉不成婚"这样的说法,男孩子上到女孩子家里,送给女孩子的定情信物都必须是翡翠手镯,因为玉代表着冰清玉洁、守身如玉,又因为它的质地坚硬,也代表着这段感情牢不可破,又因为它的形状是圆圆的,也代表着一段感情能够圆圆满满。所以白族在我们大理离婚率是非常低的,几乎是没有。

我们想要看一个金花奶奶生活得幸福不幸福,同样可以从她手上看出来。如果这位金花奶奶在她的左手上带着一个翡翠手镯,那么说明这位金花奶奶在这个寨子生活得是比较幸福的。因为这只翡翠手镯是她的阿鹏哥当年送给她的。如果这位金花奶奶在她的右手上又戴着一只翡翠手镯,那么证明这位金花奶奶在这个寨子里是生活得最幸福的。因为这只翡翠手镯是她的女儿或者儿子送给她的。

我们大理的金花一生中一共有 3 只翡翠手镯,第 1 只翡翠手镯是当她出生的时候,母亲为她准备的。第 2 只翡翠手镯是什么时候呢? 就是快要出嫁的时候,她的阿鹏哥为她准备的。那么第 3 只呢? 就是金花嫁到了阿鹏家里,阿鹏哥的母亲将手上的这只翡翠手镯拿给了金花,意思是把一家人的幸福都交给金花手上。所以在我们大理,就有了"无玉不成婚"这样的一种说法。①

(四)严家故事与貔貅推销

我们大理历史上有四大家族:段家、严家、董家、寸家。其中严家居于四大家族之首,是我们大理当时最富有的人家。关于严家,有这么一段历史故事。严家的创始人叫严子正,他的父亲取了 3 个媳妇,生了 6 个女儿,但是一直没有生到儿子。到了 50 岁的时候,终于老来得子,由于就这么个宝贝儿子,所以严子正从小就过着衣来伸手、饭来张口的日子,性格非常骄纵。

随着时间的流逝,严子正一天天长大,严老爷也一天天老去,严老爷总想着给儿子留下点什么。大家一路过来可以看到一栋栋的漂亮的别院,我们大理人的生活理念是什么呢? 我们这里有这样的一句话:彝族人,茅草房,油香香;白族人,大瓦房,空亮亮。这是什么意思呢? 这句话说的是,彝族人呢,住在茅草房里,但是顿顿都吃大鱼大肉,但是我们白族人呢,舍不得吃、舍不得穿,把所有的钱都积攒下来盖房子。所以,严老爷就想给儿子留下一栋别院,他就四处走访名师,最后选了一位北京的、盖别院盖得非常好的陈师傅,北京也是四合院嘛,与我们大理的建筑风格有相同之处。其实这位陈师傅一般是不出远门的,可幸运的是他一直非常向往大理,于是就跟随着严老爷来到了大理,准备给严老爷盖房。陈师傅是一位严格重视精细工艺的师傅,并且别院规模非常大,盖房整整持续了两年,两年过去了,房子盖得差不多了。竣工那天,严老爷就请陈师傅吃了顿大餐,整整八大碗,最后一道菜是清蒸弓鱼,弓鱼是洱海里的一种很特殊的鱼,在它跃出水面的时候,能够咬到自己的尾巴,形状像一张弓,所以就被称作弓鱼。弓鱼因为稀少并味道鲜美、鱼刺较少,所以非常珍贵,严老爷才特意交代厨房最后的主菜就是清蒸弓鱼。清蒸弓鱼一上桌,陈师傅一

---

① 被记录者:H;记录地点:旅游大巴内;记录时间:2012 年 6 月 5 日。

看到这道菜就非常不高兴，因为这个鱼一看就知道已经被人动过筷子了，这对于陈师傅来说，是极大的不尊重。尽管这样，他还是把这个菜吃完了，接着去完成房子的最后一道工序——门槛，并将貔貅放入门槛里，因为陈师傅这个人非常记仇，于是他就在这里动了手脚，本来安放在门槛里的貔貅呢要头朝外屁股朝里，而这个陈师傅就故意弄反，头朝里屁股朝外。貔貅是头大招财，屁股大稳坐江山，头朝外屁股朝里会是什么效果呢？把外面的东西都吃到里面来，给主人家招财的意思。但是如果头朝里屁股朝外的话，结果会怎么样呢？就是要把家里的财给散出去。昨天我和大家说的去到白族人家里需要注意的一个禁忌是什么呢？（游客答：踩门槛）对，就是不能踩门槛，因为门槛里安放了一对貔貅。陈师傅完成了最后一道工序就回了北京，严老爷在70岁就去世了，当严老爷临走的时候给儿子严子正留下了一个长方形的小木盒，并且告诉儿子"不到万不得已的时候，不能打开这个盒子"。

因为这个严子正从小就养成了好吃懒做的习惯，严老爷一死更加没有人管他，于是吃喝嫖赌都来了，成了一个地地道道的败家子。所以严老爷去世没几年，积攒的家业就被严子正败得差不多了。陈师傅本性善良，他回到北京之后呢，心里也是非常惦记这个事情，同时他也老了，也想回到大理再来看看，想看看这个严家到底怎样了，因为他知道他动的这个手脚可能会让严子正倾家荡产的。于是他就又来到了大理，到严家来看看情况。一如他所料，严家确实已经非常衰败，大白天也是大门紧闭着，冷冷清清。看到这幅景象，陈师傅心里很过意不去，毕竟是他故意把那对貔貅放反的。但是他也不好意思登门拜访，就在门缝里看，严家确实已经什么都没有了，房子里空空如也。就在陈师傅摇着头转身要离开的时候，严子正的母亲——严老夫人看到了他，并且立即认出了他，非常热情地邀请陈师傅到家里做客，告诉他自从建房之后，严子正变本加厉，现在家里已经一无所有了。严老夫人就像故人一样，把这些年家里的情况都和陈师傅说了。聊着聊着就到了吃晚饭的时间，陈师傅就要起身告辞，严老夫人执意留他吃晚饭，陈师傅说："你们家已经这样了，就不要再破费请我吃晚饭了。"严老夫人是一个非常重感情的人，说："虽然我们家已经非常穷了，但是你远道而来，所以我是一定要请你留下吃顿晚饭的。"于是严老夫人就变卖自己身上所有值钱的东西，给陈师傅弄了一桌子非常丰盛的晚餐，饭菜和当年的那顿差不多，最后也是上了清蒸弓鱼这道菜，尽管这条鱼远远没有当年的大,但是这条鱼完好无损,没有被人动过筷子,陈师傅看着心里挺高兴的。可能是因为陈师傅年纪大的缘故,吃鱼的时候不小心被鱼刺卡住了喉咙,严老夫人赶紧端来水,抱歉地说:"实在不好意思,当年那条弓鱼是我吩咐下人把鱼刺挑去了,而我们家现在已经没有下人了,我现在年纪大了,眼睛也不好使了,所以没有把鱼刺挑去。让您卡住了,实在对不起。"陈师傅这时候恍然明白了为什么当年那道主菜、那条鱼会被人动过筷子。陈师傅明白了这些,心里觉得特别内疚。吃完饭,他就对严老夫人说:"你们家这些年这么不顺利,让我看看哪些地方需要改一下的。"于是就把埋在门槛下的那对貔貅重新放了个位置,使得它们头朝外屁股朝里。接着他就返回北京,回到了北京后,他卖掉了自己的一部分土地,将其中一部分钱寄给了严子正,并且告诉严子正一定要好好做人。严子正也将父亲给他的小木盒打开,里面是一对满翡满翠的貔貅,他只舍得变卖了一只,另外一只当作父亲留给他的念想。他拿着这只貔貅兑换的钱和陈师傅寄给他的钱,去做翡翠生意、赌石生意,越做越大,不仅重振了家业,还使严家成了大理四大家族之首。[1]

图 5-1　大理喜洲严家大院 [2]

---

[1] 被记录者:H,记录地点:旅游大巴内,记录时间:2012 年 6 月 6 日。
[2] 图片来源:http://you.ctrip.com/sight/dali31/128317.html

（五）翡翠知识与翡翠推销

1. 翡翠鉴别

翡翠颜色是浓绿浓绿的叫作祖母绿，就像是老叶子的颜色。祖母绿下面是正翠色，这是大家都可以消费得起的颜色，这种颜色较之祖母绿显得淡些，像金花姐脖子上那个佛，上面淡淡的绿色就是正翠色了，下面的飘翠几乎要到祖母绿的颜色了，是很好的颜色；像我手上这根的这段，就是正翠色了，我们都可以买得起，从几万到几千的都有。正翠下面还有一个颜色很上档次，就是墨翠色，在所有的颜色里最稀少的就是墨翠了。为什么墨翠色那么的稀少呢？因为在矿要开采完之后才能开采到墨翠。这个墨翠非常受年轻人的青睐，正面看它，它是黑色的，但是背面背着光看，它又是绿色的，具有较为明显的变彩效应，变彩效应越强烈的，价格越高。透透的、润润的，这是第三种上档次的颜色。除了墨翠以外，还有紫罗兰、兰花翠等，兰花翠年纪大点的戴显得比较稳重，紫罗兰是一种富贵的颜色。还有一种叫作黄翡色，这是招财的，如果手镯上除了正翠色还有黄翡色的话，这样的手镯更加受欢迎。还有一种叫作红翡色，淡淡的红色，很是少见，但是这种颜色是管健康的，他们说形成红色的矿物质对身体很有益处。从你手镯的红色可以看出自己的身体状态。如果一个玉石制品上出现好几种颜色，那么档次就更高了，如果是单一的颜色，档次会低些，越多颜色的制品，价格越高，增值空间也更大。除了看颜色以外，还要看水头。水头怎么看？就是看这块玉的透明程度，看里面有没有棉絮，有没有杂质，透光度好不好。看手镯的透明度可以这样看，戴着手镯对着光来看，你能看到的手越多越清楚就说明这手镯水头越好，水头越好，价格越高。除了看颜色看水头以外，还要看种，是老坑种还是新坑种。如果是老坑种的话，那个玉看起来会更加润，看着颜色不嫩，是老的，地底下埋藏越深年代越久远的就叫老坑种，新坑种年代比较近些。除了老坑种、新坑种之外，还要看是不是玻璃种、冰种、糯米种这样来区分。其中最好的是玻璃种与冰种，声音听起来是脆脆的，颜色也是透透的。糯米种是完全不透明的，接近于新疆和田玉乳白色。除了看种之外，还要看雕工，手镯可以分为很多种，像贵妃镯，手要秀气要白净点戴着才好看；薄的透明度要更好些，但是因为较薄大家不放心，其实也无需太担心，因为翡翠的密度和硬度都非常高，但是这种没有厚的显得圆润。雕工呢，最主要的还是要看挂件的雕工，雕刻的如意、福禄寿喜、灵芝等,就看它雕的是否形象,有没有瑕疵等。还有一个最重要的是看貔貅的雕工,貔貅的雕工是最讲究的,要看嘴大、屁股大、肚子圆、牙齿锋利。牙齿锋利咬得动,嘴大吃四方,肚子大能容财,屁股大江山稳,如果肚子或者屁股上有翠根的,特别是屁股上有翠根的,最好了,这样招财的效果最好了。貔貅的眼神也必须锋利,要有神,不要买个没精打采的貔貅。像那些雕工不好的、没有精神气的貔貅可能一两百块也能买到,但是这样的貔貅是无用的,家里啥都管不住。雕工好、质地好的貔貅才能更好地为主人服务。看颜色、看水头、看种、看雕工,还要摸摸它的质感。外面的 B 货、C 货,都是轻轻的没有质感,但是真货拿在手上就是润润的、沉甸甸的,很润很凉快,冰冰的。还有一个就是看感觉了,这个东西要看自己喜欢不喜欢,不要看它价位高低。喜欢哪个就是哪个,买玉讲究的就是个玉缘。第一眼看上的那个就是跟你有缘的。

B 货是什么?C 货是什么?什么是假货?A 货是天然的东西,价位较低的,可能或多或少会有些瑕疵,完全没有瑕疵的价位就高。什么是 B 货呢?B 货是那些石头的边角料或者是明胶,用开水去煮,煮成透明以后再用人工来合成,看起来透透的,一点瑕疵都没有,像塑料像玻璃。什么是 C 货呢?就是本身没有颜色,通过人工上色,高温情况下,用毛笔上色。那么什么叫 B+C 货呢?就是煮出水头又上色的。现在市面上 B 货多,C 货多,B+C 货更多,100 块钱就可以买得到,甚至100 块钱几根的都可以买到。可能标价是几千上万的,但是你一讲价就直接可以讲到几百块甚至几块钱的都有。就像昨天我们阿鹏哥遇到的,要价 1200,阿鹏哥说 10 块钱,那个人就说"拿走,拿走!"我是没有看到那根镯子,但是猜猜就知道了,不是 B 货就是 C 货了。看起来水水的亮亮的,是吧?那么一般什么样的地方会买到 B+C 货呢?那些小店里,古城里,卖假翡翠是不犯法的,他写上"翡翠处理",处理的意思其实就是人工处理过的,这样的话,他就可以光明正大地出售了。要买真货的话,就要去被工商局认证的大店铺里,像 R 购物店,像 P 购物店等,都是不会出售假货的。你要是能够在里面买到假货,那你就是发财了。如果你拿回去给专家鉴定,说你这个翡翠是假的,那么这家店会按照 30 倍的价格赔给你。P 购物店这个地方已经开了 20 年了,从来没有一起质量投诉,你说那么多人,那么多的旅游车一车一车地拉过去,你说要是里面有 B 货的话,那肯定早就曝光出来了,新闻都不知道要上了多少回了,那么多的人来,你说你不懂玉,但是这么多游客总会有人是懂玉的,但是从这里出去的玉,从来没有投诉,这么多年了,一起都没有。①

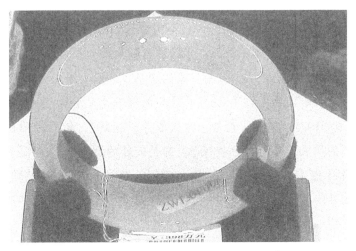

图5-2　价格高昂的翡翠手镯(P购物店)②

2. 翡翠功效

可能你们在来云南之前,不知道这个翡翠是什么东西。以前大家可能知道什么是玉,但是可能不知道为什么玉要叫翡翠。有位金花从这里买完东西和我说,金花我早就听说买玉的话要来云南买,我就买了,但是我出来的时候服务人员和我说,我买的是翡翠,我心里好郁闷的。我就和她说,你要是想买翡翠买到的是普通的玉,你才应该郁闷,因为翡翠也是玉,并且翡翠是玉中之王,是最好的玉!中国产玉的地方比较多,有名的也不少,比如浙江有个岫岩玉,新疆有个和田玉,青海有个昆仑玉,山西有个蓝田玉,这些都是国产的玉。2008年奥运会的时候,我们的奖牌是金镶玉,你们知道里面镶的是什么玉么?是青海的昆仑玉!当时决定用哪种玉石的时候,是有很大争议的,很多人觉得翡翠才是最好的玉,应该用翡翠,但是更多的人认为翡翠产自缅甸,要是用翡翠的话,就代表了缅甸而不是中国。为了让中国自己的玉走向世界,才选择了昆仑玉。为什么翡翠名为翡翠,既不是叫云南玉也不叫缅甸玉呢,因为翡翠只产在缅甸,叫云南玉的话就名不符实了,但是如果叫缅甸玉的话,也不够贴切,因为尽管翡翠产在缅甸,却是我们云南人发现的,并且还是我们中国人捧热的,我们中

---

① 被记录对象:H;记录地点:去往P购物店的旅游大巴上;记录时间:2012年6月9日。
② 拍摄者:笔者;拍摄时间:2012年6月6日。

国人对翡翠的喜爱要比缅甸人热衷多了,所以叫缅甸玉也不合适。在发现翡翠的地方也就是乌尤河,野人山有一种很特别的鸟,这种鸟的背部是黄色,腹部是翠色,与翡翠的颜色特别接近,所以就以这种翡翠鸟的名字来命名了,这样的话,既形象又好听还浪漫。这就是翡翠名字的由来。以前我也不知道,后来听老人们说起我才明白。

那么翡翠为什么是玉中之王呢?首先它的硬度最高,可以直接用来划玻璃。密度高,7.35的密度。还有它的颜色非常丰富,刚才我说了它有很多种颜色,并且升值空间非常高。现在市场上炒翡翠炒得多热啊,每年都是成倍成倍地涨。还有就是赌石,整个中国现在都刮起了一股赌石之风。什么是赌石呢?它的外形与一般的石头一模一样,但是在它的内部是玉,这个是可以确定的。但里面的玉质地好不好就不知道了,任何的仪器都测不出来,一刀切下去,里面好就好,差就差。要去赌石的话,就要看个人的运气了。有些运气好的,两三千就能赌到好好的一块,但是运气不好的,花多少钱可能都没有办法切到一块好玉。

我带了位客人,花了8000块钱买了块赌石,一刀切下去,里面绿绿的,客人特别开心,老板也来了,客人想直接将这块玉石给老板回收了,但是这里一般是不回收的,但是老板看着这块玉确实是好玉,就同意了,两个人协商用88000的价格成交了,老板后来和我们说我买这个是赚了,加工成一个手镯的话,就能买个五六万,这块玉可以加工两三个手镯,其他的边角料可以加工成一些挂件之类的。那位客人说,他知道这老板肯定还是赚了,但是他觉得他也赚了。后来他们团队里的一位客人跟风,也切了一块1000多,尽管没有赔,但是也没有怎么赚,因为里面有裂纹,颜色和水头也都不够好。所以这个赌石,你想玩一玩的话,可以;不放心不想冒险的话,成品就好了。成品比较放心。①

(六) p 购物店与翡翠推销

P 这个购物店是谁开的呢?是大理的一位玉石商人开的,他的爷爷是当时茶马古道上的马锅头,他小时候跟着爷爷跑茶叶。一次他爷爷在密支那野人山捡了一块石头来平衡马舵,回来以后就随手拿着这块石头来拴马,磨来磨去,石头里面的芯就露出来了,才发现这是一块上好的玉石。于是就知道野人山那里

---

① 被记录者:H;记录地点:旅游大巴内;记录时间:2012 年 6 月 6 日。

有玉石了,于是他们不再走茶叶了,开始去那里捡石头回来。还有一位马锅头在乌尤河边做饭,就在河边顺手捡了一块石头做三角架,走的时候,为了不引起火灾之类的,就要将火浇灭,石头乍冷乍热的,一下子就炸开了,里面是绿绿的,后来这位马锅头就知道乌尤河也盛产玉石了。于是很多边境上的云南人都跑到缅甸去捡玉石去,在大深山里、在乌尤河里,很多人在那里送命了。在开采河里玉石的时候,完全是靠人潜到深水里,将石头一块一块抱上来的,所以是比较危险的。我们 P 购物店老板的爷爷将那块玉石托人加工成了各种各样的玉石制品卖掉了,他的孙子就拿着这笔钱去缅甸去进玉石毛料,直到现在,在那里承包了矿山,请人开采,运到大理来加工,再在 P 这个地方销售。这位老板非常有社会公德心,每销售 1 万元,就拿出两毛钱捐给希望工程。政府觉得这个老板很是不错,为了感谢他对社会的贡献,就给了他这个山头让他来加工和出售这个玉。大理的玉石行业就是从他真正开始的,他这里建立了一个加工厂,有自己开采队伍,自己的运输队伍,回来这里自己加工,这里有 500 台机器,光是销售人员都达到了 300 多人。他现在有自己的批发商场,90 多个柜台,相当大。他也是慢慢发展起来的,刚开始是只有加工没有销售,现在是自己开采、自己运输、自己加工、自己销售,整个一条龙。政府把这个山头给他,是免税的,他也回报社会,我们这里很多的大学生、小学生都受到了他的资助。现在大理有 3 所小学都是他捐建的,据说明年还有一所要建立了。

免税也不是永远免税的,只有 26 年,今年是第 20 年了。还有就是大理到丽江正在修建高速路,像 P 购物店这个地方,大部分是靠游客,那么如果一旦高速路修建起来了,可能这个店明年后年就不在了,或者可能会搬到高速路边上去,就算他要搬到高速路边去,价格肯定要往上抬,因为店租什么的就有了,因为那个地方不再免税。所以我们这里有子女的,都开始忙慌着准备买下几件备用了。这里不管是面对当地的老百姓还是游客,还是批发商,都是同一个价位,不管你是买 3000 块还是 3000 万同样是一个价,不会打一点折扣。

同时,我要告诉大家一个小秘密,这是我们内部人才了解的一点,就是在精品柜区,为了吸引顾客到精品柜消费,促进精品柜消费,可能上万元的商品标成几千的,性价比比较高,所以大家可以到精品柜看看。

这个店的东西分为两个档次:以 3000 元为界限,3000 元以上有国家质量鉴定证书,3000 元以下有这家店的质量鉴定证书。这个店是有专家组进驻的,每天出来的新品都要由专家鉴定和估价以后才能上柜。国家的质量鉴定证书是这样的,每件 3000 元以上的产品必须由国家质量鉴定局鉴定,每件商品上都有货号、有密度等,并且你购买 12 小时后上网一查就能查到,所以大家完全可以放心地买。咱们当地的老百姓将它称为翡翠的平价超市。这里各种价位的翡翠都有,从几十块的到几百块的到几千块的再到上千万的翡翠都有,这里最贵的一块翡翠为 1888 万。并且这里的翡翠都是通过中国保险公司索赔的,就是说如果有游客在这里买到了假货, 那么你就可以通过中国保险公司进行索赔。而且你不用特意跑到我们这里,只需要直接通过你们当地的保险公司进行索赔就行了。店家的承诺是假一赔百。所以,如果大家在我的带领之下买到了假货,一定要给我打电话,我无论如何,就算是坐飞机,也要过去和你发财![1]

(七)关心之意与推销座位

在洱海的夹板上,有一些绿色的座位,那些都是免费的。大家上去的比较早的话,可以先去坐那些位置,但是这些位置不是说你坐了它就是属于你的,可能你上一趟洗手间或者看一趟三道茶表演回来之后, 这个座位就被别人坐了,不是你的了。那你只有站在甲板上了,整个游览的时间是 3 个多小时,可能会有些辛苦。并且,这些夹板上的位置是露天的,非常热。陆地上热不热? (游客均答:热!)洱海上水面反光,没有任何遮挡物的夹板,要比陆地上更热。实在受不了的游客可以到游船里面去坐,但是请大家听清楚了,游船里面的座位是要收费的。一楼中间的散座是 30 块钱一个人,旁边的卡座是 280 元一圈,可以坐上五六个人,还有什么 480、580、680 等,包括国家主席江泽民来坐的 1980 元的包房都有。还有,这个位置也是有限的,不是大家想坐就能坐得到。大家等会儿决定了之后要赶紧上去抢,因为像今天这种天气,大家都想坐到里面而不想坐到外面,毕竟大家出来是享受的。花钱买了座位以后,会给你茶,而你坐到里面可以一直喝茶,直到你下游船,不管你去哪儿回来,是看了三道茶还是玩了南诏风情岛回来,这个座位都是你的。你等会儿到了游船上先把座位给坐了,不要先忙着到处交钱,因为等你交钱后,找不到位置坐那也没有办法了,等会儿大家上去抢就行了。因为这毕竟是一种享受,不用晒太阳就可以享受洱海这样的美景,大

---

[1] 被记录者:L;记录地点:旅游大巴内;记录时间:2012 年 6 月 8 日。

家也不用为了节省 30 块钱而三道茶也不去喝了,南诏风情岛也不上去了,为了节省这 30 块钱,风吹日晒,甚至感冒了,那看病的钱花上几百,这样就得不偿失了,传出去成为笑话就不好了,毕竟大家是有身份有地位的人。所以一上去就请大家把座位给抢到手。这个游船在游览过程中,会停靠一个景点叫作南诏风情岛,这个景点是大家自由活动的时间,我就不上去了。那么这个岛上看啥呢?看世界上最高的汉白玉的阿嵯耶观音像,高 17.56 米,重约 100 吨。游览这个岛的过程中,有一个事项必须注意,那就是必须按照游船通知的时间准时返回游船。在陆地上,各位要是迟到了,我可以和司机商量等个几分钟,但是游船是一分钟都不会等大家的。那么赶不上游船,怎么办呢?只有在那个地方当一天的岛主,或者是明天游船经过的时候再来接你;如果你游泳厉害,那你可以直接游个30 多公里到我们住的酒店去。①

四、进店前的"洗脑"

H 向笔者介绍:"旅游团的'毛色'是影响导游赚钱与否最为重要的因素,其比重约占到了 70% 左右,导游的讲解与服务仅占 30% 左右,但是导游必须取悦于游客、取信于游客,否则那 70% 是不会'发光发热'的。"导游们对何时、何地、用何种方式进行洗脑有着考量。行程为两天的旅游团,导游会选择第二天的早上给游客"洗脑"②。一般来说,刚刚吃过早餐的游客是最清醒的,游客吃过早餐上到旅游车之后的一个小时是导游们集中进行洗脑的关键时间,同时导游会根据游客的精神状态安排自己的讲解内容。导游 H 与导游 L 在给游客"洗脑"时,主要采用三种方法:第一,用人民币给游客洗脑,给游客灌输一种理念"人民币是用来玩的,用来花掉的";第二,用"小三的故事"告诫女性游客,节省是一个愚蠢的做法,可能你节省下来的钱就被"外婆"③ 花掉了;第三,用白族人孝道的故事来告诉游客们"对我们的父母应该有所孝敬",而表示孝敬的方式就是购买导游推荐的产品送给家人。

---

① 被记录者:L;记录地点:旅游大巴内;记录时间:2012 年 6 月 7 日。
② 据 H 解释,洗脑就是通过讲故事、打比喻等方式向游客灌输一种消费观念,鼓励与刺激游客进行旅游消费。
③ "外婆":丈夫在家外面的老婆,意指小三。

(一)人民币:鼓励消费

游览大理的第一天,导游主要介绍大理的风俗人情。第二天,游客一上车,导游就会给游客"洗脑"——钱是用来花的。如"钱留着是干嘛的呢?自己不花的话,留给小三花么?"并且拿出不同面值的钞票,一边展示给游客看一边"洗脑":"大家看看这些钞票,正面印的都是毛泽东的头像,背面印的是什么呢?都是长城啊、布达拉宫啊、长江三峡啊、桂林山水啊,都是些著名的旅游景点啊!那毛泽东还微笑着看我们呢!他的意思就是说:拿着这些钱旅游去吧,看这些著名的景点去吧,去享受吧!"当导游用这样的语句来解释不同币值人民币时,游客们会乐不可支,同时会觉得导游说得有理有据。[1]

图 5-3 人民币与旅游消费 [2]

(二)小三的故事:激励女性

有一次我带了一个散客团,里面有一对 40 多少来自山西太原的夫妻,这对夫妻给我留下深刻印象的原因是当时那位李大哥的夫人王大姐在游船上坚持

---

[1] 被访谈者:H;记录地点:H 租房内;记录时间:2012 年 6 月 7 日。
[2] 图片来源:http://image.baidu.com/i?ct=503316480&z=&tn=baiduimagedetail&word。

要给我买水喝,说我做导游很辛苦。尽管我说这是自己的职责所在,但她还是特别坚持一定要给我,因为我坚持不肯要,水还掉到了地上,当时我特别感动,因为很少有游客对我们导游这么好,所以一路上我都给了这对夫妻很好的照顾。当到了 P 购物店进店的时候,王大姐看中了一款一万八的翡翠手镯,但是她拿不定主意,便叫我和她老公给参考一下,她老公一看到这镯子的标价立马就说:"这么贵,你买了干嘛?你天天在家洗衣服带孩子,用得着这么贵的么?金花,你就给她随便挑个一两千的吧!"尽管一两千的镯子也是很好的了,但是和她之前看中的一万八比起来还是有差距的,并且这个翡翠讲究的是眼缘,第一眼看中的便是自己真正喜欢的。最终,王大姐啥都没挑着,带着遗憾离开了大理……当时我也没多想,这事就这么过去了。但是 4 个月后,一天我在火车站接团时,听见有个男的好像是在叫我的名字,当时我在忙着手头的事情,也不确定他叫的到底是不是我,就没理他,这位游客就直接跑过来很热情地拍着我的肩膀说:"我是李大哥啊,几个月前我来大理的时候,你带着我们玩的啊!"我突然想起来了!他老婆王大姐给我买水喝!他说,上次你带我,我很开心,所以我这次又特意报了你的团。我当时特别开心,有种久别逢故人的感觉。这次他带着出来玩的不是他老婆王大姐,是他的女儿,很漂亮的一位山西美女。当时就想,虽然不是一位好老公,但起码也是一位好父亲,还不错!每接到一个旅游团,我们在大理到丽江的途中都会参观 P 购物店,一方面让大家休息下,一方面也请大家给我发点工资,这次到了 P 购物店的时候,这位美女一眼就挑中了六万八的一只翡翠手镯,她和他爸爸——李大哥说,"我觉得这手镯就是为我量身定做的!"六万八的翡翠手镯确实是非常的漂亮,结果她爸爸二话不说,直接奔着收银处就刷卡去了。当时我就在想:"都说女儿是爸爸上辈子的情人还真不假,给老婆买一万八的舍不得,给女儿六万八的二话不说。"当时我挺感激李大哥的,毕竟他给我发了工资。到了车上,我与司机聊天的时候,我特别开心地说起这事,司机问我:"是不是坐在最后排的那两位?"我说:"是啊!"司机很淡定地说:"你确定他们两个是父女关系?你再好好看看。"听司机这么一说,我就特意留意他们,越看就越发现他们之间的神态与动作根本不是父女之间该有的,而更是情侣间的亲密!我这时候才明白司机让我看的原因。明白两人的关系之后,我特别气愤,特别为王大姐感到寒心,辛辛苦苦为家操持,自己舍不得花钱,结果呢?唉!行程即将结束,送走这对父女般的情侣时,我和那位李大哥说:"你以后来大理,请别再来找我了,再找我,我也不会带你的。"我和所有的游客都说了再见,唯独没有和这位故人——李大哥说再见,因为我确实不想再见到他了! [1]

只要游客队伍中有成年的女性游客,这类"小三"的故事是导游们必讲内容,导游的意思很明显:告诫女性游客不要舍不得花钱,更不要为自己的老公、自己的情敌省钱。女人应该对自己好点,不然的话,这些自己辛辛苦苦节省下来的钱都有可能孝敬给了"外婆"(意指第三者)。当今社会的女性游客多少都是有着自己的担心,听到导游亲身经历的故事,女性游客们多少都会有些触动。

(三)白族人的孝道:积极感化

H所在的旅行社与大理多家翡翠及银器购物店都有合作关系。其中P购物店主要销售的商品为各种档次的翡翠以及部分银器。该购物店规模较大,将近100个柜台。翡翠文化在中国有着极为悠久的历史,象征富贵与吉祥,特别为老人们所喜爱。而中国游客的出行均有给家人带纪念品及礼物的传统,导游们深知这一点。在进行导游讲解中常用谈孝道的方式给游客们洗脑:希望游客们感念父母的恩情,买些礼物回馈给老人,进而达到导游表演的目的。

我们白族人非常的富有,一生下来就有"三千万"。其实这"三千万"在座的游客朋友们都有,所以每个人都是非常富有的人。第一"千万"就是千万要好好地做人,不能坑、不能抢,一定要凭自己的良心,靠自己的本事赚钱。第二"千万"就是千万要善待别人。你只有善待了别人,别人才会善待你,你也只有善待了自己,别人才会善待你。那么第三"千万"呢,就是千万要好好孝敬自己的父母。百善孝为先。我有个愿望就是在我有生之年带着我的母亲、父亲出去看一次。去的地方可以不多,但是北京要去一下,一个就是你们上海要去下。北京看看天安门的升旗仪式,看看毛主席遗像,对不对?上海呢,看看最高的那个电视塔。但是,这么个愿望,一直到现在还没有实现。我的老家是离大理有100多公里的农村,父母都是脸朝黄土背朝天、日出而作日落而息的农民,我还有个哥哥,他升

---

[1] 被记录者:H;记录地点:旅游大巴内;记录时间:2012年6月6日。

了高中最后以优异的成绩考取了西安的长安大学,我们团里有长安的对吧?原来叫理工大学嘛,后来改为了长安大学,他的学费都是家里的亲戚朋友一家50块、50块拼凑起来的,所以非常不容易。自从我哥哥上了大学就从来没有问家里要过一分钱的生活费,都是他自己去苦(赚)的,勤工俭学之类的。我也是很想上高中、上大学,但是我考虑到家里已经有一位大学生了,已经没有能力再供我去读大学了。我就告诉妈妈说我自己不想上学了,我妈妈就把我狠狠地骂了一顿,说"不论我再怎么辛苦,家里再怎么艰难,一定要把你们俩兄弟供出来"。父母真的我们付出了太多!我们对父母的回报真的很少。从我们生下来起,父母就开始操劳了,我觉得特别愧疚。生了孩子的人都知道,父母对我们的爱有多少!所以我们在有生之年要多多关心父母,多和父母待在一块儿。特别是在你们大城市里面,你们住在一边,父母住在城市的另一边,更加要多多地陪陪父母。在我们大理,很多都是四世同堂,甚至五世同堂。就像我的父母就是和我一块儿住的,我住的地方非常小,就在下关这个地方,一个旧房子,仅仅60平方米,但是我的父母依然和我们住一起,我们也想买个新房子,但是现在这种房价都被沿海来的富人炒高了,想换个大点的房子,都没有经济能力,尽管地方小,但是一家人在一起,日子紧巴也是快乐的。

　　1998年的时候,有一首歌就非常好了,唱出了我们很多人的心声,叫什么名字呢?(众人答:"常回家看看!")和爸爸聊聊工作,帮母亲洗洗筷子、洗洗碗,对父母来说,这是一种莫大的幸福。我想你们在座的有些是90年后,甚至都是独生子女,在长辈们的宠爱下长大的,我希望你们能够多和父母待在一起,父母年纪大了,就成了老小孩,需要人去关心她们,和她们玩,所以大家有时间的话要多多陪陪家里的老人。

　　继续和大家说说我的故事吧!我毕业之后就被分到了乡里的粮管所去工作了,可能我们在座的年纪大点的才知道这个地方,粮管所是老百姓交公粮的地方。我的父亲和母亲那一辈是靠赚工分来维持生活的,人多力量大,所以我的父亲有4个兄弟,我的母亲家有5朵金花,因为实在是太穷,我的父亲迎娶我母亲的时候,没有钱买手镯作为送定情信物给我的母亲。我知道尽管我母亲嘴上不说,但她心里还是搁着揣着的,因为旁边的阿姨都有,就她没有。所以,我工作以后就积攒了几个月的钱,给母亲买了一只翡翠手镯,本来我以为她会夸奖我一番的,但是没有想到她劈头盖脸地骂我!当时家里因为我们两兄弟上学还欠着别人的钱,花了那么多的钱给她买了个翡翠手镯,她特别心疼。我当时特别不理解,我说我自己省吃俭用,给你买了手镯,你还骂我。我一气之下就跑到我工作的地方,整整一个月没有回家!一个月之后,我的气也消了,就回去看我父母了,一回去我就看到我母亲在村子口大树下和大婶们在聊天,手上还戴着我给她买的翡翠手镯,和别人说:这是我儿子给我买的,我儿子多孝顺!所以现在我给我的父母买东西,从来都不问他们要不要,也不告诉他们多少钱。他们要是问起这个东西多少钱,本来是200块钱的东西,我就说是50块!说贵了的话,他们又该心疼了。父母舍不得吃、舍不得穿,就是为了我们儿女们过得更加幸福,而当有一天父母离开人世间,我们给他们买的东西,他们永远都带不走,所以我们在他们有生之年要多多关心父母,多给父母带些我们力所能及的礼物,做些力所能及的事情。所以白族人们的第三千万就是千万要孝顺父母,这是我们白族最为重视的,如果你连这个孝道都没有了,那么你就什么都不是了。我相信在座的人,都是非常富有的人。①

导游 L 的亲身经历让很多出生于农村的游客产生了深深的共鸣,听了这个故事的游客大多都会被 L 的孝道所感动,他们不仅在脑海里建立一种印象即导游 L 是一位懂得孝道的导游,还能激发游客主动购买翡翠以表示自己对父母敬孝的行动。而这些事例只是导游按照一种完全筹划好的方式来进行的表演,导游们以一种既定的方式表现自己,其目的纯粹是为了给游客造成一种可被信任的印象,使游客做出导游预期获得的特定回应。同时导游在为游客提供服务的时候,会有目的地、有意识地以某种方式表现自己,得到游客特定的回应(赞同与信任)。

五、"逼迫"

笔者向 H 说起研究生舍友参加"西宁一日游"被逼购买景点联票的事情,尽管非常不情愿但最终还是掏钱了。她说:"不想得罪导游,毕竟在一个完全人生地不熟的地方,得罪了导游,万一把你怎么样了,你怎么办,并且晚上还要赶

---

① 被记录者:L;记录地点:旅游大巴内;记录时间:2012 年 6 月 8 日。

飞机,因为这些事情耽误了也划不来。"H说这种情况在大理普遍存在。许多大理导游同样是利用游客初到一个完全陌生的地方存在不安全、害怕的心理,很容易在导游的"逼迫"下做出消费的决策。

(一)"游客害怕导游"

笔者在跟团时,听导游D讲自己遇到的"可爱"游客:

我进P购物店前就给游客打招呼了,让他们买东西。在带团的时候,我感觉到可能是我的这张脸长得比较凶恶,有些游客还有点害怕我。搞笑的事情来了,一游客从P购物店出来,就赶紧跑到我面前,拿着自己买的银手镯向我报告"导游你看!我买了东西了!"我就问他:"你买了什么?"游客就说自己买了银器,我立马就劈头盖脸地骂道:"谁让你买银子了,要买玉!"游客赶紧一边点头一边说:"好的,好的,我这就去买!"过了一会儿,这游客又回来了,一边和我说"导游,我买玉了!"一边拿翡翠手镯给我看。我问:"你买多少钱的?"游客说:"我没有什么钱,买不起贵的,就买了万把块的。"

我带团遇到很多这样有意思的游客,我自认为心地不算差,尽管偶尔骂骂人,但是没有甩过团,也没有对哪位游客动过手,但是我带的散客出单都还不错,我想这应该得益于我这张长相凶恶的脸吧!

(二)"游客素质太差"

K:今天这几个人电瓶车都不坐,总共才一两百块钱的消费他们都不愿意,我把他们骂了一顿。

H:你带小团不能这样带,要温和点,让他知道你把他是放在心上的。

K:我不论带小团还是大团,都是一样地带,只要是散客,不消费就骂!我这几个月都是A导(游客消费总额在1万元以上的导游被称为A导),从来没做过B导(游客消费总额在1万以下一千以上的导游被称作B导)。

H:我的意思是如果这个团是好团,你这样说的话,可能本来能够出3A(A在导游行业内为"万"的意思,如此简称使她们之间的谈话不容易被外人听懂,尤其是游客),你这样一弄就变成了2A了。你要是好好对他们,本来只是出2A的,结果出了4A。小团的话,我觉得对他们必须要好,这个必须要的。不过也要看带什么团,散客团的话,你这样带就好了。

K:所以嘛,你才适合带小团嘛。

H:我带小团,就是不论到哪里,那些客人都会给我买吃的,都会给我帮忙提包啊、打伞啊。我要下团了,他们一定要留下我的号码,让我去他们那里玩啊什么的。这个是小团,大团的话,就没有办法达到这样的效果,因为不可能将每个人服务得像小团那样细致。带小团的时候,我可以每一个人都面对面地说话、聊天。本来小团就是一小个团体的,你要是让其中一个难受了,可能就影响整个团队了。所以你不如用感化、感动的方式来带他们。

K:有些人是能够被感化的,但是万事万物并不是绝对的。有些人你可以用自己的真诚与服务去感化他,但是有些人就像是冰山,他根本没有反应。有感恩之心的人才可以被感化。我从丽江古城出来,花了20块钱买了葡萄,请他们吃,他们提在手上吃,轮着来,却没有让我吃上一个!客气一下也没有!这样的人适合用感化吗?

笔者:连一句谢谢都没有么?

K:没有!没有一个人说:"导游,你也吃一个嘛。"这种人能够感化得了吗?[①]

导游在带团中曾经不止一次遇到过素质很低的游客,这些游客某些不恰当的言语与举动深深地伤害过她们,很多导游就此形成了一种"游客都无情"的心理。除了真心对待导游、同情与理解导游的游客能够获得导游的尊重以外,其他游客对于导游来说只是赚钱的工具,是一只只能宰就宰的"小肥羊",所以"宰客"厉害的导游会被其他导游尊称为"大刀"。

H:昨天晚上凌晨4点的时候,有个游客给我发信息,让我后面一直醒着!今天在蝴蝶泉的时候,我就问他们:"你们昨天晚上是谁给我发短信的?"那个穿着红衣服的男的站了出来,说:"我发的我发的。"我说:"你们凌晨4点发短信,我为了接你们,早早地让自己睡觉,多么努力地让自己睡着了,结果你4点给我来个短信,让我从4点醒到6点钟,我那个气啊,你4点来个短信,让我一直睁着眼睛到天亮!"

笔者:他怎么说?

---

① 访谈对象:H、K;访谈地点:洱海大游船;访谈时间:2012年6月12日。

H:他说"我之前没有你的号码,我怕你不来接我们,刚好看到在火车票的后面有你的号码就赶紧给你发信息了。"什么人啊,4点来个短信,让不让人休息了,你到了给我打电话就行了嘛。你回家去给你老板4点来个短信试试看,马上炒你鱿鱼了。

K:有些人,真的好,你可以对她好。他可以被感化,但是有些人真的不适用。你去崇圣寺,那个景点导游讲得多好啊,我都被感动了,要是我绝对会去给家人朋友烧炷香的,但是他们好多人都是无动于衷的。我有时候真的不能理解,他们甚至是没有感情的动物。①

导游接触的游客形形色色,部分游客的某些失德行为让导游对游客失去信心。

当时我带的是个山西团,其中一位男游客是带着老婆儿子一块儿出来的,当大家差不多都买完了东西,回到车上准备出发的时候,这位游客说自己想去趟洗手间,没想到他儿子也说想去,我就带着一块儿去了。当儿子进去洗手间,这位游客却立马转身出来了,对我说,你快带我挑根手镯,注意点别让我儿子看见。我立马就明白了,这位游客上洗手间是假的,想背着老婆孩子给小三买东西是真的,我当然不会错过赚钱的机会,我们立马去挑了,他还吩咐工作人员快点,不出两分钟,挑好,他给了我3000多块钱让我去把账赶紧付了,自己拿着东西放在包里,赶紧回到洗手间门口等着他儿子去了。②

(三)"不买就是无情无义"

即将进入P购物店前,导游L对游客说的最后一句话是:"这两天,我尽自己最大的努力为大家提供服务,而我的工资就是出在你们今天的购物上,如果你们买一件就是对我的心意,买两件是情意,一件不买,是无情无义!"很多游客听完导游L的这句话,心里都很不是滋味。笔者同样觉得导游L这样说不太合适,L解释说:"因为是散客,并且具备一定的消费能力,所以才需要逼一逼。"果不其然,一个半小时后导游L去后台查该团游客的消费额,显示金额

---

① 访谈对象:H、K;访谈地点:洱海大游船;访谈时间:2012年6月12日。
② 访谈对象:H;访谈方式:电话;访谈时间:2012年7月14日。

是两万余元,从游客的消费额度可以看出导游L的"激将法"生效了。

(四)"不买就不要上车"

2012年6月4号,笔者和一伙导游坐旅游车回来,偶然听到一位年轻的男性导游向其他导游讲述自己逼迫游客购物的经验:用画鸭蛋来侮辱游客或者是威胁未购物的游客下车。"在游客进入购物店消费之前就提前给游客警示:'你不买东西的话,就麻烦你等下不要上车。''下次你买不?买的话就上车。'游客答'好好好!'或者拿一个小本子,按照名字记录下所有人的每次消费,如果某一游客没有消费,就让游客在上面画一个大大的鸭蛋,并且让游客自己保证这样的情况不会再发生。"

导游采用"逼""胁"等方式迫使游客消费的原因大体可以归于两个:一是内因,曾经有个别游客存在不恰当的行为伤害了导游,使得导游对于游客群体存在普遍失望的情绪;二是外因,游客初到陌生之地,存在害怕、不愿意惹麻烦上身的心理,容易因为导游的凶恶或是胁迫而进行消费。当前,大理的导游行业内对散客逼迫有法的导游普遍比温情式导游的收入要高。当游客们都在导游逼迫下进行了消费,让导游们屡试不爽,促使了更多的导游加入"逼迫游客购物"的队伍中。H说:"现在只有碰到素质特别高、真心关心导游、理解导游的游客能够获得我们的真心相待。而对待一般的游客,特别是散客,许多导游都是揣着一种能逼就逼、能恐吓就恐吓、能宰就宰的心理。"

由于旅行社为被投诉导游撑腰、监管部门对散客投诉监管不力等原因,使得导游对于散客的投诉根本不害怕。

(五)"骂人的导游有饭吃"

H说:"我觉得自己在导游这个行业做,还真的是差了点儿,心太软了,不够狠,很多话我真是说不出口。团队游客的话,我这样的导游方式还是可以的;但如果是散客,我这样温和善良的方式就不适用了,对待散客必须要多用讽刺的语气,多用激将法,这样才管用。"

H所在旅行社的计调们应该很是赞同H对自己的认识,从旅行社派给H的团质都是团队团且都是小团这一点可以看出。游客人数少的团队,H可以依靠周到的服务、打温情牌取胜,但是这种方式对于人多口杂、无团队领导、各有想法的散客团队是完全不受用的,不仅出不了单,整个团队很有可能会乱成一锅粥。

对于如何带散客团,导游们通过实践总结:"骂人的导游才有饭吃!"

六、其他的"小武器"

(一)导游的道具

每位导游都有自己的道具。女性导游挂在脖子上的黄翡玉挂件,戴在左边手腕上透着绿色的翡翠镯子,右边手腕上雕花的银镯子,耳朵上精致的银坠子和头发上漂亮的银发簪等,这些饰品都是由导游精心挑选、刻意展现给游客看,意欲勾起游客购买欲望的秘密道具。尤其是女性游客,如此精致的饰物很容易勾起她们的喜爱之情与强烈的购买欲望。对男性导游来说,他们的秘密道具会稍微简单大方些,戴在手腕上质地上好的翡翠珠子、挂在脖子上的墨绿色翡翠貔貅等。导游们会尽量买质地较好的翡翠或银饰品,对于新入行的导游来说,这是一笔不小的开支。

H说:"导游说的每一句话,做的每一个动作,都是藏着秘密的。比如在火车站接车的时候,导游会将接站牌高高举起,而这时候手袖子就会很自然地滑落,当游客来到导游身边可以很容易地看到导游手上挂着的挂件或者戴着的玉镯子或者银镯子之类的。"2012年6月5号,笔者随H到火车站接团,当H举着站牌迎接游客时,其中一位女游客就看到了导游因高举站牌手腕露出来的银镯子,她充满惊喜地问:"导游,你这个是哪里买的啊,真好看!"于是H就乘势向她们介绍了大理的银器文化,大家听得很专注,效果很不错。事后H对笔者说:"我们为什么身上戴着那么多的银饰品和翡翠饰品,你现在知道了吧?可惜的是她咋地(怎么)就没有看见我的这只手呢?我这边手上戴的可是翡翠手镯啊!"

笔者:您这个脖子上是玉石?

L:是的,是一般的玉石,叫作墨翠。这个动物叫作貔貅。

笔者:男生也带银器么?上面刻着什么字呢?

L:是的,是藏语,吉祥如意的意思。其实这些都是道具,上班的时候带着,不上班的时候就不带了。下班马上就脱了,带着给客人看看。因为随时脱随时带,现在形状都变了。①

图5-4　导游的"道具" ②

(二)换位思考获得尊重

2012年6月7日,笔者跟导游L出团,L在进行导游讲解时,一部分游客交头接耳聊着自己的事,一部分游客自顾自地发着信息,个别游客呼呼大睡,真正认真听L讲解的游客屈指可数。看到这种情况,L将讲解停下来:

"大家觉得我像唐僧,是吗?我在上面巴拉巴拉地讲,大家在下面玩游戏、睡觉。其实我完全可以像其他导游一样,坐在车上,一句话也不讲。这里到了三塔,这里到了蝴蝶泉,大家进去逛1个小时,我在车里面等着就行了,大家的行程里说是要配一个导游,也没有说导游一定要讲解。我觉得大家能够来大理一次非常不容易,有些人可能一生中就来大理一次,或者很多年之后才会再来大理。所以我想尽我的能力,把我知道的东西都给大家介绍,我也有不懂的东西,不懂的东西,你问我我也不知道,我只能把我知道的东西尽可能多地向大家介绍。我觉得早上是大家体力最好的时候,我才给大家讲解,如果到了中午,大家没有精

① 访谈对象:L;访谈地点:大理火车站;访谈时间:2012年6月1日。
② 拍摄者:笔者;拍摄地点:H租房内;拍摄时间:2013年5月15日。

力,我也没有精力。同时我带了五六年的团了,哪里需要讲解,哪里需要休息,我是知道的,也会安排好的。如果我讲得不好,你可以和我说:'阿鹏,你不要讲了,我想睡觉!'你和我说就行了。如果我在上面讲,你在下面睡觉,是不是对我的不尊重,我们人与人之间都是需要互相尊重的。我觉得做人,最主要的是要对得起自己的良心,要对得起天,对得起地,对得起自己的父母,自己的儿女,自己的亲朋好友,还有就是自己的良心。有一次我带团,我问游客,做人要对得起什么?他说一定要对得起自己。我觉得这样无可非议,但是我觉得做人不能太自私了。比如说你下班的时候,家里打来电话说家里没菜了,买点菜回来,刚好你的包里面有 50 块钱,你经过菜市场的时候,你本来是想买菜的,但是你发现在菜市场的旁边有个饭店,而你刚好肚子饿了,于是你就直接跑进去了,把 50 块钱全部干(吃)完了!等你回到家打开门,发现一家大大小小的都在眼巴巴地等着你买菜回来做饭。做人可以自私,但是一定不能这么自私。所以我希望在我讲解的时候,大家不要睡觉,好不好?(众人答:好!)"①

导游 L 通过事例让大家换位思考,请求游客站在导游的角度考虑导游的心情来争取大家的尊重与理解,显然效果不错,大家都停下自己的事情,认真听导游做讲解,而大家的专注使导游讲解的兴致更加高昂,整个气氛也更加欢乐。

(三)黄色笑话活跃气氛

导游们聚在一起时有一个必讲的话题:今天自己又给游客们讲了一个什么样的黄色笑话,游客的反应是如何激烈等。笔者跟团时候听导游 L 讲到一个类似的笑话:"我们少数民族不论干啥都要带个干字,你看我们吃饭叫作干饭,喝酒叫作干酒,抽烟的叫作干烟,那么睡觉叫什么呢?(众人齐乐,答曰:"干觉!")睡觉呢,就叫干床了。(众人皆乐不可支!)这就是我们云南的少数民族。"

导游们很喜欢彼此之间分享黄色笑话,喜欢将讲给游客听的笑话讲给其他导游听,导游一个个笑得前翻后仰!对于这种情况,笔者很是不解,问 H:"为什么导游那么爱给游客讲黄色笑话呢?"H 说:"市场需求决定供给吧,现在的人不管老少,特别是上了年纪的中年妇女最喜欢听黄色笑话了。还有呢,为了活跃气氛,你看看一讲这些笑话,大家都笑得前翻后仰,这时候大家心情非常地

---

① 被记录者:L,记录地点:旅游大巴内;记录时间:2012 年 6 月 7 日。

放松,警惕性最低,对导游接下来所推销的产品就会比较容易接受。如果车子里的气氛沉沉闷闷的,你导游突然就巴拉拉地开始讲购物什么的,容易引起大家的反感。"

(四)"不与佛争一口香"

游客到大理的游览行程中基本均包含崇圣寺三塔的参观游览。大理崇圣寺三塔始建于南诏丰佑年间(公元 824—859 年),是国家著名 5A 级风景区、全国重点文物保护单位,为南诏大理国时期的皇家寺院,在国内外都享有较高的知名度。当景点导游讲解完毕,会提到让游客们为自己或家人烧香祈福。某些精明的游客会当面怀疑甚至质问导游,有一位山西客人问 H:"如果我们烧香的话,景区导游是有工资的吧?"H 说:"我也不知道,他们是景点导游有景点管理处直接管辖,她们也不对我们公开。不过我想她们辛辛苦苦地讲了这么久,可能还是有点的吧。"他又问:"你们导游有没有?"H 说她以前也听其他导游在洱海船上聊天的时候说过类似事情,有些导游因为崇圣寺"提香钱"的事情被游客问倒了,老导游们给新导游支招说的话 H 也记住了。H 这样回答该游客:"阿鹏哥,这个问题,我实话和你说了,没有! 就算有,我也不会去拿那点钱,因为这是在跟佛争一口香,是从佛嘴里掏东西吃、抢东西吃。你说这样的事情,我干得出来不? 没有就是没有,就算有,我也不会去拿的。"这位游客立马喜笑颜开:"对对对! 你真是一位好导游!"有精明的游客还有更精明的导游!

(五)降低游客对餐饮的不满

旅行社采用"零负团费"的方式操作旅游团,提供给游客的食宿品质自然无法太高。当游客不满意食宿标准时,他们普遍容易形成一种认定即:旅行社与导游克扣住宿费与餐饮费导致他们住不好、吃不好。从而容易把这种怒气发泄到导游身上。为了避免这一情况的发生,导游会采用"提前给游客一个合理的解释以降低游客对于食宿的期望值",避免游客期待落空后出现不满。

大家今天有没有干(大理方言,即"吃")饱? 肚子干大了没有? (众人答:"干饱了!")大家来了云南几天,应该要习惯这样的叫法了,我们这边把吃饭就叫干饭。所以希望大家这几天把肚子干得大大的,越大越好。肚子大可能在你们那边比较麻烦了,特别是各位金花们,但是在我们这边就没有问题了,所以希望大家在这里把肚子干得大大的,越大越好,肚子干大了才证明你是干饱了,对吧?那么干好呢,我不能保证,因为我们来自全国各地,可能饮食习惯都有不一样的地方,我们的食物做得普遍都比较清淡,干好我不能保证,但是我尽量让大家干饱了。大家出门旅游,能克服能将就的,请大家尽量将就一下,因为这种团队餐不像我们在家里,想干啥就干啥的,所以请大家尽量克服一下。①

(六)恰当利用游客相互攀比心理

导游在前台表演中,会适当使用游客相互攀比的心理来提升消费额。比如当导游所带的散客团队中有来自上海与北京的游客,并且两者的年龄及消费能力相差不多,导游一般都会适当抬高其中的一方来贬低另一方来达到表演目的。导游 H 解释,其主要原因是上海与北京两地游客消费能力都较强,但与其他地区的游客相比,他们两者都属于较为理性的消费者。要让他们买东西,必须使用离间计和激将法,让北京和上海游客相互比拼。除了散客爱进行攀比,团队游客之间也会进行相互攀比,他们一般都属于同一个单位或者系统,彼此熟悉。导游利用游客"谁购买得多就会觉得更有面子,谁买得少就会觉得丢面子了"这一心理进行表演。但是这一表演方式并不适用于每个客源地的游客,导游必须恰当地选择人群进行表演,否则可能不仅得不到想要的结果还有可能招致游客的愤怒。比如导游对东北地区的游客使用该激将方式,就很可能"偷鸡不成蚀把米"而导致满盘皆输。

(七)降低或提升游客对景点的期望

大理旅游蜚声国内外,但在实际游览时,游客普遍反映部分景点游览价值不高,游览感受没有想象中那么好,易产生失落感从而影响整个行程的游览心情。为预防这一情况的发生,H 往往会在游览之前向大家解释"为什么该景点没有想象中那么好"的原因。比如,导游 H 在带领游客游览蝴蝶泉前,H 便会告知游客,为了更好地保护景区的生态环境,可能破坏自然生态平衡的旅游项目都还没有投入规划建设,正因为这样,使得蝴蝶泉景区是雷声大、雨

---

① 被记录者:L,记录地点:旅游大巴内;记录时间:2012 年 6 月 7 日。

点小,希望大家适当降低自己的期望值。所以当大家觉得景区游览得不够理想时,有了导游如此的解释,也就能够接受了。

对于崇圣寺三塔这样名气很大,但游览价值与娱乐价值均不是很高的景点,导游在进行讲解时会通过欣赏的语气、华美的词句、崇敬的神态等多种方式,展现景点不可视的历史人文价值及科考价值。如在介绍大理崇圣寺三塔时,导游 H 如此介绍:"我们马上就要到我们的第二景点——崇圣寺三塔,它是我们的皇家寺院,同时也是东南亚最大的佛教圣地,南诏大理国一共有22位皇帝,其中就有 9 位皇帝到这里面出过家的,所以这里被称为皇家寺院。那边有三座塔,大家看到没有?看到了吧,那里就是三塔了,是大理最为古老的建筑。崇圣寺面积非常大,一共 1000 多亩……"H 在讲解之时,其神情及语气充满了对大理蕴含的深厚文化的无限骄傲。导游采用多种方式增加游客对大理景点的喜爱程度让游客觉得"物有所值",从而提升游客对整个大理旅游景点游览的满意度。

(八)利用少数民族文化活跃气氛

利用云南独有的少数民族所蕴含的文化来活跃气氛是大理导游们很喜欢使用的导游技巧。

1. 利用民族语言活络气氛

我们大理通用语言是汉语,可平时我们不说普通话,都说地方话,地方话与重庆话、四川话有点相似,爱看四川台的(游客)应该能够感觉到。地方话不是我们的民族语言,我们还有自己民族的语言。我们之前是不会说普通话的,是因为考导游证,经过长期培训才会说的,我这个普通话,大家听着可能觉得不怎么地,但是在村子里面,我可是人称赵忠祥的!是属于非常好的一类!

大家来到我们大理白族这个地方, 我也教教大家一些少数民族的语言,大家可以和我一起学一下。在大理的行程中,大家可以用得到。首先见到父老乡亲,打招呼,说您好! 你要说泥鳅(niqiu)! 买东西说,多少钱呢? 就是几休(jixiu)? 谢谢你就是挪威尼(nuoweini),吃饭呢是饮餐(yincan),吃早饭是饮早哩(yinzaoli),那么吃晚饭呢? (众人皆答:饮晚哩)。不要以为吃早饭是饮早哩吃晚饭就是饮晚哩,吃晚饭是饮呗(yinbei)。白族的"我爱你"是我诶拉(woeila),纳西族的"我爱你"更加有意思了,明天大家就要去丽江了,可以学着点,是我嫖你(wopiaoni)(众人皆笑)。

我们这车团友有带着自己金花出来的,请举手!只有那位大哥啊,那有没有带着别人金花出来的,请举手!(两位从北京来的年轻男性举起了手,众人大笑不止)各位金花们,要小心了!当你们到了丽江以后,可能你身边这位就会撒个谎说,我去上个洗手间,结果一上就上到了丽江古城去了。这时候丽江的胖金妹就来抠你的掌心,说:ruozhi,wopiaoni,你不要误会,她不是在说:弱智,我嫖你!她而是在说:帅哥,我爱你。

现在巩固一下,白族的"我爱你"是怎么说?(有些不语,有些高声说道:我嫖你)大家没有记住,就记住我嫖你了?白族的我爱你是woeila,你要是和白族的金花们说wopiaoni,人家是不高兴的。这就是民族的语言,是不相同的。大家不要说错了,不然会引起不必要的误会,使得效果适得其反。①

2. 利用少数民族奇特审美观取悦游客

云南是少数民族聚居的地方,云南独有的25个少数民族,在我们大理全部都有。大家来到大理,就应该了解下这里的民风民俗。你看像我们这里的审美观念与你们的就是不一样了。像各位在座的金花们,在我们这里就是跳楼货了!(众人不解,女性游客心里甚至还有些不愉快)大家知道跳楼货是什么吗?(一位女性游客酸酸地说:没人要呗!)对,差不多就是这个意思了!那么为什么呢?古人都说,窈窕淑女,君子好逑。在你们那边是不是女孩子越苗条就越受欢迎?但在我们这边就不行了!我们白族是以胖为贵,以白为美。而丽江纳西族是以胖为贵,以黑为美。所以是越胖的越受欢迎!所以以各位这样苗条的身材,在这里就是跳楼货了!还好,你们都很白净,所以在我们这里,这种跳楼的情况不算严重。但是到了丽江,真正的是跳楼了!因为他们是以黑为美,而你们都太白了!(众人皆乐)

像我们车上,有几位大哥还是有分量的(女子皆取笑自己身边的男人),在我们这边呢,可以值30头牦牛以上了!各位不要把牦牛看得太简单,一头牦牛可以卖到2万多的人民币。但是你现在只能打个对折,因为你们还不够黑。要是你和我一样,天亮就出来了,不出一个月,我保证你和我一样黑,那时候你的

---

① 被记录者:L;记录地点:旅游车;记录时间:2012年6月7日。

牦牛头数就是直线往上升了。这就是我们少数民族的审美观念。①

3. 利用奇异的风俗吸引人

北京、上海、天津、辽宁的朋友,你们那边吃面食的比较多吧？北京、上海那边是米饭和面食都吃,辽宁的话可能就是面食更多了。等会有没有人想尝尝我们傈僳族的特色面食的,我请客。想的话,请举手！(5 位游客举起了手)好的,5 位哈,等会我们让师傅把车子靠边,我请大家一人干一碗！待会儿这个面的名字说出来肯定要吓大家一跳,那么这个面条的名字叫作什么呢？大腿擀面！各位金花你们在家里是怎么揉面的呢？用什么揉呢？(众人答:案板)你们那是用案板的,而我们这里的傈僳族的这个面条叫作大腿擀面,是在大腿上擀面的。我们傈僳族的姑娘们,撩起裙子,露出大腿,大家要知道,我们傈僳族的姑娘们,都是比较黑的哈,就直接在大腿上擀面了！怎么样,还有谁想吃的？(众人大笑,皆取笑刚刚举手吃面的人)刚才那么多人举手,现在怎么没有人了？(众人大笑),这是我们大理一些民族待客之道,你只有将这碗面条吃下去了,才能证明是我们的朋友,才会以朋友之礼用大鱼大肉来招待你;如果你吃不下去,那么家门都不会让你进去了。②

游客很容易在欢笑中建立对导游的好感,同时也易放松警惕,便于导游进行隐蔽式推销。

小结:舞台前的表演及结果分析

(一)表演分析

随着传媒产业的飞速发展, 人们越来越依赖大众媒介所提供的信息,古语:"三人成虎事多有",新旧媒介从不同层面影响着整个社会的发展,改变着社会大众的生活。随着人们对媒介依赖性的增加,媒介所建构的各种"社会现实"(即"媒介现实"),已经不知不觉地演变成了受众头脑中的"社会现实"。"媒介现实"(当然也包括"媒介形象")逐渐成了人们认识我们所处世界的主

---

① 被记录者:L;记录地点:旅游车;记录时间:2012 年 6 月 7 日。
② 被记录者:L;记录地点:旅游车;记录时间:2012 年 6 月 7 日。

要来源，媒体对导游形象塑造同样起着重要作用，但是媒体为了追求卖点，大肆宣扬导游群体中的负面事件，对导游群体中的好人好事鲜有报道，这就导致了导游社会形象的负面化，社会公众包括游客，失去了对导游的信任。导游们自己深知这种情况，了解各位游客都是带着对导游的防备而来。如果导游想要生存、获取酬劳，那么导游必须重建游客对自己的信任。所以，在舞台前，导游根据游客年龄、性别、职业、贫富、客源地、文化层次、团队人数、团队性质等不同，来把握游客性格及喜好，根据他们的带团经验预测游客对她们提供的导游服务的期待，通过尽力为游客提供其所需的个性化服务、时刻关注游客需求、游览的第一天绝口不提购物等表演手段建立自己可被信任的形象。通过一整天的相处，赢得游客的喜爱，重建彼此间的信任关系，再通过采用洗脑、隐蔽式推销等策略来介绍自己推销的产品。

面对游客对导游怀有较强戒备的心理，导游用各种技巧来慢慢瓦解与消除游客的戒心。导游H说，这就是导游的"反间计"。不同的游客面对导游的表演会有不同的反应。H对笔者逐一分析了她的"反间计"。

第一天重在建立关系。带团队游客的经验在于热情与真诚，与游客接触的第一天，不应该大谈商品。导游第一天要做的事情是介绍大理的风土人情、风花雪月等，以此来消除客人的戒备心理，取得客人全身心的信任。第一天如果你不谈风土人情，而是大谈商品的话，游客会以为你是导购而非导游，这样你的"钱途"会很惨淡。作为导游，你必须先把你的"游"这部分给客人做到位了。不然你就没得购，首先的第一步是要把自己的本职工作做好以此来取得客人的信任。

第二天重在给游客洗脑。第二天客人一上车，导游的策略就与第一天不一样了。第一天让游客们玩够、玩舒服了，第二天必须大谈商品，这样才能有得赚。首先要做的第一件事就是给客人洗脑——"钱必须要花掉""出来玩，没有花钱，会遗憾！"，要给游客们讲清楚"为什么要把钱花掉，原因是什么？"导游就得开始摆事例、讲故事或者再讲点黄色笑话，让游客在娱乐中接受这样的理念："为什么我们要把钱花掉？我们要去哪里把钱花掉？为什么我们要去那里把钱花掉，而不是别的地方？"导游就得开始介绍他要推销的物品，比如大理的翡翠，摆出原因，说明它的升值空间大、有强身健体的功效、能够彰显身份等。但是由于大多数游客对于翡翠这样的东西接触不多,并且它属于贵重物品,不像是路边买白菜一样,随随便便买,游客会害怕买到假货。面对许多游客这一恐惧心理,为了打消游客的顾虑就得给游客介绍如何鉴定玉石,如何辨别真伪等。同时,把即将去的这家购物店为什么可以赢得旅行社的信赖说出来,把游客对外地购物所存在的担忧心理一步步地消除:1.这家店有品质保证,假一赔三十,3000元以上的所有翡翠都有国家质量检验证书,3000元以下的翡翠有店家的质量检测证书;如果真的发现B、C货,游客可以直接向当地的保险公司索赔。2.政府支持:这家店有政府的直接支持,大家可以放心购买。3.价格便宜:这家店在缅甸有自己的采矿队伍,并拥有自己的运输和加工队伍,所有的商品都是自产自销的;云南最大的翡翠销售店就是它在昆明的分店;并且由于政府的支持,P购物店目前所在的这个山头是免除20年的税收;大理较之其他地方的物价偏低,所有这些因素使得P购物店的运营成本进一步降低。4.信誉良好:这家店的老板是当年马帮马锅头的孙子,他们非常传奇地发现了翡翠,并且现在一直坚持做社会慈善事业,大理每两三年都有一所新的学校由他们捐建。

在整个接团待客的过程中不能出现丝毫的差错,要做到细心尽职。因为任何一丝错误,游客对你不信任就会放大无数倍,你任何一点小失误都可能让你所有的努力付诸东流。

E(旅游车司机)说:"导游每一步、每一个动作、每一句语言都可能暗藏深意。"几乎没有导游是不撒谎的。H觉得自己在对待游客时是充满真诚的。但是她又承认自己很多时候都在撒谎:"哪里有导游不撒谎的,不撒谎的导游是吃不上饭的,我在生活中很少撒谎,但是在工作中经常撒谎,没有办法,这些都是被逼的。撒点无伤于游客的谎,你开心,我开心,大家都开心!"

在每个人行动的背后都隐藏着一位强有力的"剧作家",他不允许个人离开这个剧本。这个"剧作家"就是社会体系。每个人的社会行动都受社会体系预先写好的"剧本"的限定,每个人的社会行动都应该符合"剧本期望",即社会规范对各种社会位置上的角色的限定。在中国的社会体系中,导游就应该表现得热情、体贴、服务周到,并且不能功利,只有做到了这些导游才能获得游客的满意。人们责骂导游功利的同时忽视了"零团费""负团费"的大量存在使得导游失去了基本的生存保障。导游为了保障自己的生存,同时也能赢得游客的满意,必须表现伪装起来的、符合社会规范标准的"我",隐藏功利性的一面。她们时刻对游客表现出关心、体贴,展示自己的孝顺、道义,显示一种理想化的形象,以使得自己与社会公认的价值、规范、标准一致。

(二)表演结果分析

导游"舞台前的表演"结果受到多种因素的影响,有可能是成功,也有可能是失败。第一种结果:表演成功。对导游来说,表演成功有其具体的标志即"出单"。导游将舞台前的表演分为两个阶段"先卖自己,再卖东西"。一是"卖自己":尽管游客都是带着戒备而来,但是导游通过自己精彩的讲解、细致周到的体贴问候、个性化的服务等"武器",赢得了游客的喜爱,瓦解了游客的戒备心理,成功重建了导游与游客之间的信任关系。二是卖东西:导游赢得游客信任,只能算是成功取得了一大半,还有另外一部分取决于游客的消费能力与消费欲望以及导游的洗脑能力、隐蔽式推销的技巧等。只有当两者同时具备,导游才有可能取得表演的成功。

1. 表演成功

由于导游在带团的过程中,对游客投其所好、对症下药并且在服务中细致体贴,很多导游因此赢得了游客的好感及信任。并在自愿的情况下产生了购物行为。同时导游最为得意的成功表演是获得小费以及被游客指定作为大理站的地陪导游,不论小费数额高低,她们都觉得这是对她们导游服务、个人能力的最大认可。成功表演的四种表现:

一是对导游推荐的自费项目以及购物的支持。对于导游推销自费景点或者自费项目的时候,一位江苏的游客曾这样对 H 说道:"这一两百块钱,对我们这些出来玩的人,一般来说是不算什么的,导游也确实辛苦,我们应该支持下工作,所以一般来说我们是会去的。"G 同样说:"很多游客会主动让导游去购物店提取回扣。有一次一位来自绍兴的游客问我工资怎么来的,我说:你们购物里面会有我 3% 的旅游宣传费。他们知道我的工资出在他们的购物里面,本来已经买好了 3 万多的东西准备打道回酒店了,结果又跑进去买了 10 多万出来。然后兴冲冲地对我说:G,快去看看你可以拿多少钱了,现在肯定比刚才要多了!我这个发票要拿给你吗?我说不用的。他就赶紧说:那你拿去复印一下吧!不然怕没有的话,你领不到钱呢!"①

二是游客给导游小费。"我得到过最多的一次(小费)是600元,是一个老人团的人给的。在中国给小费的游客是很少的,我当时是讲了一个很让他们感动的故事,主题是"人和动物",他们很感动。"②

三是导游曾经用优质的服务接待某个单位的旅游团,当该单位再次有旅游团过来旅游时,仍然指定该导游来带领。

四是将导游当作朋友。很多导游在带团中都会向游客讲起自己带过的很多游客现在与自己一直保持着朋友关系。

(1)把导游当朋友的游客

H:今天我接到了一个陌生男子发来的彩信,但是因为格式不对,彩信打不开,我打电话过去,才知道他们是我上个月接到的江苏团中的一位游客。今天他想把之前拍的照片通过彩信的方式给我发过来,但不是很会用。我就把我的QQ给了他,他加了我,通过QQ方式给我发过来。

导游D:对于这样充满人情味的游客,我很感动。③

(2)感恩图报的游客

H:有一次,我的一位游客生病了,可能是因为水土不服。知道这个信息之后,我急忙去周边药店买了药送到房间去,他非常感谢。第二天知道我的工资是出在他们的购物上之后,就带着其他几个游客去翡翠店,告诉店员,他们是我的游客,买了好几万的东西,当店员给我打电话让我去拿佣金的时候,我当时还挺诧异的,后来知道了,很感动。④

笔者在跟团时,听一位游客对笔者讲:"今天H讲得非常不错,人也很好,尽职尽责,人也很老实,尽管不知道买什么,但是一定要给H发点工资。"后来他们果真在P购物店买了3万多翡翠,从P购物店出来后还硬要把购物小票塞给H,说是担心H没有他们的购物小票就拿不到回扣。

---

① 访谈对象:G;访谈地点:H租房内;访谈时间:2012年6月17日。
② 访谈对象:H;访谈地点:H租房内;访谈时间:2012年5月27日。
③ 访谈对象:H、D;访谈地点:洱海大游船;访谈时间:2012年6月12日。
④ 访谈对象:H;访谈地点:H租房内;访谈时间:2012年6月19日。

H说:"我遇到很有意思的是,有一次有位成都的游客,特别喜欢我,偷偷把我拉到一边说:我觉得你们这里的米饭好吃,你干脆不要做导游了,你做米生意得了!就在我们成都卖,我给你去做调查问卷。还把我的电话什么的都记好了,他们觉得我很好,他们会把自己认为好的出路提供给我。遇到好的游客,素质高的游客,真的很有成就感的,别人买了东西还拉着你的手一个劲地向你道谢:'谢谢你啊H,多亏了你我才能挑到这么令我满意的东西!'这时候心里真的是充满了成就感,也充满了感激之情,因为自己的工作得到了别人的肯定。还有一次,我回去交宾客意见单的时候,那些计调都笑起来了,后来我才知道上面写了什么,因为之前看了一眼,但是字迹龙飞凤舞的,对我来说难以辨认,但是计调却认识,他们说:'游客们说你服务得非常好,讲解非常到位,特别善良与体贴,大家都非常喜欢你,你将是导游界的明日之星!'我听后笑死了。这些事情,真的很感动很感动的,我觉得不论是导游还是游客,都是人与人之间的相处,并且都是相互的,你尊重我,我自然会尊重你,你对我好,我自然会对你好。我和你不是亲人,不是朋友,我为你做事,肯定是要求得回报的,但是如果你连任何的回报都不给,还处处刁难的话,这样就不平衡了。但是如果你对我好,即使你不购物,我们已经成了朋友,我是不会说你的。因为我得到了你的好感与友情。"①

(3)亲人般的游客

有一次,我接了个团,是来自新疆的维吾尔族人,鼻子高高的,浓眉大眼,年纪都是在40岁左右。他们对待我就像是自家的子女一样。当我们游览到武庙(大理古城内的景点)的时候,他们去里面买东西,什么都给我买,什么乳扇啊、饵块啊。我说我经常可以来的,你们自己吃啊。他们说:这是我们给你买的,是不一样的。他们还问我工资是多少。我实话实说,工资其实是没有的,旅行社没有发给我任何工资,我所有的工资都是出自你们购物之后,购物店返回很少一部分佣金。他们说我很辛苦。

那次走的是B线。在下车之前,关于要注意的人身安全问题、财物安全问题,我都已经交代好了。进到了天龙八部影视城之后,一位游客为了拍照将随身携带的包放在地上,当时不知道是被人拎走了还是自己忘记放哪里了,包括身份证、手机、钱包之类的都随着包包丢了!游客发现自己的包丢了之后跑来和我

---

① 访谈对象:H;访谈地点:H租房内;访谈时间:2012年6月19日。

说,我就赶紧跑去找,到处找啊,但是这么多游客,怎么找得到呢?后来我又去了景点的服务中心,让他们广播,找他们保卫处进行相关方面的协助。但是因为后面的行程还要继续走,所以只能先离开,当时我还是抱有一线希望,将自己的手机号码等信息留给了景点服务人员,让他们继续帮忙找,麻烦他们有了消息马上联络我。

古城之后的行程是坐电瓶车逛古城。在上车之前,我还提醒了他们一遍,一定要注意好自己的财物和人身安全。结果古城逛完准备走下一个景点时,一位领导"哎呀"了一声说"我的相机呢?"相机又丢了!我当时真的头上立马起了三条黑线。他说肯定是在古城里被偷了。因为那几天刚好是大理的摄影节,有一些展台让大家试喝一些酒,他说当时他去凑热闹了,肯定是在那里被人捞走了。他说都怪他自己因为出来玩,精神一下子就松懈了,就大意。我说:"你们今天是怎么回事啊,越提醒你们,你们的东西越丢了。"他们说:"这是我们自己太大意了,精神太松懈了,是我们自己的责任。"

接着能够安安全全、顺顺利利走完了蝴蝶泉,我真的充满了感激。后来去坐游洱海,我带着大家玩了南诏风情岛,返回游船,游船要开的时候,突然有位游客说:"我的衣服丢在岛上了!"天呐!我的头两个大了!他说要立马下去拿,但是游船已经开始开了,不可能几千位游客等着你一个人啊,衣服丢了事情小,但是人要是丢了,事情就大了。所以,在团友们的劝说下他没有下去,但他还是挺沮丧的,没有想到幸运的是广播突然通知:"有人在岛上拾到了一件衣服,请失主过来认领。"我就赶紧带着他去把衣服认领回来。更想不到的是,当我们快要下游船的时候,也就是距上午离开天龙八部影视城已过去六七个小时了,我突然接到天龙八部影视城工作人员的电话,说包包找到了,是一位游客拿错。我下了游船就紧赶慢赶带着这位游客过去确认。这位游客拿到了包包,一件物品都没有少,他非常感谢我。当我们回到了下关,那位丢失了相机的游客说想去报案,看能不能找回来,我又陪着他到了派出所,报了案,陪着警察回到古城看现场,一整天的时间事故不断,所有的事故我都必须处理,真的把我累惨了。

游客们吃过了晚餐,准备去看"希夷之大理"(由陈凯歌导游的大型歌舞节目),那位丢失了包又失而复得的游客从包里拿出 200 块钱塞给我,说:"M,今天真的很感谢你,我都没有想到还能够找回来,我自己都已经放弃了,谢谢你提供的帮助。"我觉得这是我自己的责任,应该要照顾好游客的一切安全,我就说:

"这是我应该做的,你没有必要这样,你收起来。"他坚持说你一定要收下!

后来第二天走 P 购物店,我想出了这么多的事情,这个团肯定废掉(游客不消费)了,很多导游知道我这个事情都说这个团不可能还出单的,但没想到的是,他们十来个人还买了 1 万多的东西,对我来说,真的是一个意外之喜了。所有出了事情的游客都买了东西,他们说知道我的工资就是出在这里了。所以我想大家都是抱着一种回报我的心态消费的,我挺感谢的。其中还有一位游客和我说:"M 啊,你要是在我们新疆就好了,我一定要好好给你找份工作。做导游太辛苦了,天天日晒,还东跑西跑的,不适合女孩子,但是啊,新疆和这里真的是相隔太远,我管得再远,也管不到这里来。你干脆到我们新疆去得了。"尽管他可能只是说说而已,但是我觉得他真的是把我这个"孩子"放在了心上,我对他们充满感激。

尽管那天出了好多事情,我真的是要被累垮了,但是我真心觉得这伙来自新疆的游客很好处,而我能够帮助到他们,我是快乐的,尽管现在我离开了大理的导游行业,但是他们一直是我最美好的回忆。①

2012 年 6 月 15 日,笔者在游船上甲板上与导游 L、一位女性导游攀谈,该女性导游指着从我们身边经过的一对老人对笔者说:"这对老年夫妇素质真的很高,今天太阳很大,游船甲板上非常炎热,刚上游船时,他们俩甚至要给我买个卡座,尽管只有 30 块钱一张的票,但是我真的非常感动。我告诉他们,游船给我安排了座位,他们才放心。我感觉他们就像是疼爱自己女儿般地对待我。"一般来说,导游对待素质高、有礼貌的游客都是回报以热情与真诚。对于这位导游的感受,导游 L 表示十分赞同,他说:"今天早上,前几天我带的湖南怀化游客给我发来信息感谢我呢,说我是西双版纳、昆明、大理、丽江这些地区导游中最好的一位。还有好多游客与我成了朋友,即使他们离开了大理,但是他们却依然发来短信。我们白族人都是真诚朴实的,我觉得你要是以真诚热情待人,别人同样会回报你以真诚和热情的。"

与导游们接触近两月,笔者了解到导游们普遍喜欢性格随和、待人亲切的游客。H 说,当客人很好相处的时候,就算是没有赚钱,心里也是很舒服的。

---

① 访谈对象:导游 M;访谈地点:H 租房内;访谈时间:2012 年 6 月 19 日。

一名做了十几年的老导游说:"一般来说,素质好的游客即使他们不买东西,我的态度也是非常礼貌,如果碰上很好相处的游客,我们甚至很舍不得他们离开。"笔者了解到只有当游客特别不尊重导游、戒备心特别强也不愿意消费的时候,导游才可能出现甩团的情况。

2. 表演失败

导游表演的第二种结果:表演失败。从表演的"观众"——游客的角度来说,如果游客的戒备心理过重,或是怀着对导游群体巨大的敌意而来,比如像笔者跟团中听到的一湖南游客所说:"你尽忽悠吧!""不相信导游所说的话,认为导游所做的一切事情都怀着功利性目的。"在怀着这样心理游客面前,导游的各种"武器"很难起作用。两者之间的信任很难被重建而导致导游的表演失败。与此同时,还有一种情况亦可被认为是表演的失败,即导游即使取得了游客的信任,但是游客却拿不出钱来消费或者不愿意消费,并且不给予导游赞赏及小费时,那么导游的这次表演也是失败的。

很多时候导游付出了辛勤劳动与热情服务,但是并不见得所有的游客都会对此给予回报。这也就是说并不是导游的每一次表演都能收到好的表演效果,精明的游客往往能够识破导游的表演而使得导游表演失败。当游客对待导游的态度较差且不消费或是消费额很低时,这也意味着导游在前台的表演是失败的,表演没有带来预期效果。若导游表演已经失败,而游客再有对导游不尊重的行为就很可能导致导游通过骂人或者甩团的方式来向游客发泄自己的不满。

笔者与导游们一道从鹤庆回大理的路上,经常能听见哪个导游今天又把游客给骂了。H说:"天天骂游客的导游那肯定是与导游个人性格相关了,一般导游骂游客是因为某些散客确实让人头疼,说话还难听,这就确实容易招导游骂。"笔者在跟团过程中发现某些游客对待导游的态度确实称不上尊重。导游在旅游车前讲解,游客自顾自地大声打电话或者聊天,甚至有些游客为了彰显自己会用很难听的说辞来驳斥导游:"你说的这些都不是真的!我以前来过我知道这些东西的。"其实很多时候,他们根本就没有来过。导游H说:"尽管游客们都知道导游的工资就是出在了自己的购物上,但是很多游客不仅自己不买东西、不给小费,还在别的游客消费时尽说些风凉话。对于那些尽管自己不买但鼓励其他游客给我发工资的游客,我们是喜欢和感谢的。如果不仅自己不买还要怂恿别的游客不要消费，我们会很不开心。因为辛苦了整整两天，就靠游客买些东西赚点钱。如果有些游客自己不买，还怂恿其他游客不买的话，我们是会骂人的。而这样完全不理解我们导游处境的游客，遭导游骂也是自然的。"

"香港导游甩团""深圳导游甩团"等相关视频在网上的点播达数十万次。诸多媒体将甩团的原因归结到导游个人素质上，笔者将问题"你如何看待香港导游阿珍事件"抛给导游 H、G 和 M，希望了解导游群体自身是如何看待导游骂人和甩团这一行为。

H：我没有骂过客人，所以我不好说什么。但是对于这个事情，我想说的是如果客人很有钱，不仅不买，还故意处处为难导游、摆脸色给导游看等，我就只能说这个事情就不能只怪导游一人了。因为导游在没有工资还得交纳质保金、垫付团费的情况下，鞍前马后地照顾游客，导游付出了金钱又这么辛苦却还赚不到钱，养家糊口的压力在那里摆着，钱没有赚到还受了一肚子的委屈，你会有何想法呢？要骂一两句也是难免的。再说，当旅行社与游客接洽得不好时，比如游客吃不对味、住不舒心时，游客不会找旅行社扯麻烦只会找导游，因为游客只与导游接触，有的游客会把所有怨气都撒在导游身上，就说导游这个做得不好，那个做得也不好，有些游客还骂得难听得很。如果客人真的是没有钱才不消费，也没骂人，这个导游是不会这么极端的，毕竟我们做导游的几乎都是穷孩子出身，对与我们一样没钱的人，我们有怜悯之心。

M：首先，导游骂人甩团肯定是不对，作为导游不应该有这样的行为，就算游客不消费、自己心中有情绪也不能通过这种途径来发泄，不能把这么严重恶劣的情绪带到工作中来。但是，我想她有她的难处，毕竟一个巴掌拍不响。

G：因为我们没有工资，大部分的导游都没有导游服务费，有很多时候甚至是辛辛苦苦服务之后还得倒贴钱，我们只能依靠游客刷卡的那一个动作来定我们"生死"：你要是刷了，我就能活下去；你们要是都不刷，那么我就活不下去了。游客交纳的团款远远达不到出游的成本价，游客自己应该意识到哪有做生意的人会亏着本做生意的？他们做旅行社的自然不会是想来做慈善事业的。而我选择导游这个职业，就像你们选择做医生、做教师、做销售一样，我们肯定是抱着赚钱的目的。你享受了我的服务，我赚了你的钱，本来应该是这个逻辑的。但是现在的问题是游客享受到了我的服务，却不肯给我钱。这样就自然导致了导游心理的不平衡。

M：组团社决定与哪家地接社合作就是看谁的接待价格更低，价低者得，这样就导致了恶性竞争。旅行社为了争取到团源，其实就是低价竞争。

H：虽说游客是出来享受来的，但是花个一两百元你都不愿意，明明知道我们是在没底工资的情况下给你们提供服务，却还恶声恶气地待我们，我们心里自然不好过。

G：很多时候，旅行社提供给游客的并没有包括给客人买矿泉水之类的花费，都是导游自己掏钱给游客买水。游客对这些不知情，就算游客知情了，也觉得自己已经支付了团费钱，团费里已经包括行程里所有的花费，所以游客对为自己买水、为自己尽量提供便利的导游不会有丝毫感激之心。他们不想想自己到底支付了多少团费！200 块钱能买来昆明、大理、丽江 5 日游？白痴都知道，光是吃住行 3 个方面的成本价都远远超过这个数额。既然如此，何处来的钱支付我们导游服务费呢？如果游客不消费，我们就得赔钱，在游客不愿消费、我们已经得知要赔钱的情况下，游客不仅不懂得感激还要对我凶，这不是明显找骂么？虽说顾客就是上帝，但那因为顾客让我赚到钱了、让我有钱吃饭、让我有钱孝敬父母，所以他才是上帝！让我赔钱、让我饿肚的游客能算是上帝么？

H：你知道我是个个子娇小的女孩子，身高 1.5 米，体重 42 公斤，这么娇小的身子搬着一大箱矿泉水上车时，很多游客们都能看见，但是他们绝大部分却视而不见。我相信在他们的日常生活中就算在路上遇到这样的事情，他们都可能会主动上前去帮一把手，但是可能因为社会舆论给我们的"污名化"，我觉得他们甚至没有把我们当作是与他们一样的人来看待，他们觉得导游给他们提供再热情、再贴心的服务都是应该的。其实我也明白游客的心理"我花了钱，是来玩的，理应享受你的服务"。但是他们没有想到的是，我没有义务给他们买水，尽管我有责任为他们提供服务，但是提供服务的质量高低是由我自己来决定的，我没有义务为你提供特别热情与细致的服务。在整个游览行程中，我有义务告诉你要小心财物，但是我提醒你"注意财物安全、人身安全"有一次就够了，我没有义务在我认为需要提醒的时候来提醒你，我没有义务在看见小偷偷你东西时冒着被报复的风险来提醒你注意自己的财物，可我经常这样去做了。但是你对于我这样的行为不仅没有感谢还四处找茬，你觉得我会作何感想呢？①

---

① 访谈人物：H、G、M；访谈地点：H 租房内；访谈时间：2012 年 6 月 20 日。

笔者了解到,在游客没有消费或消费非常少的情况下,导游的心情会普遍比较低落,但是如果游客友好,导游是不会失控骂人或者甩团的。游客不仅不消费,还在导游提供服务中出现明显不友好的言语或行为,这两者合并起来才是导致导游失控骂人或甩团的主要原因。

第二节 舞台后的协调

戈夫曼用"表演剧班"或简称"剧班"这个术语来表示在表演同一常规程序时相互协同配合的任何一组人。剧班是这样一种集合体:它与社会结构或社会组织无关,而是与维持相关的情境定义的互动或互动系列有关。① 同样的,游客在旅游中获得的服务并不只是由导游个人独立提供,导游背后有与其相互配合的一个"剧组"。H 表演的这个"剧组"的主要成员有:旅行社的计调、旅游车司机、地陪导游、全陪导游,而不同的"剧组人员"都为游客提供不同的表演服务。地陪导游为了更好地演出大理这一站的"剧情",就需要协调与剧组各类人员之间的关系,导游根据不同的剧组角色采取不同的协调策略,保证自己的表演效果以维持自我更好的生存。

一、展现忠诚:导游与旅行社

在扮演客户角色时,我们也经常试图给老板造成这样一种印象,好像我们不说在向他"购买"某种服务,我们认准他了,也绝不会考虑再去别处获取这种服务,从而乖巧地与老板之间构建起这种个性化的效果。② 导游与旅行社进行协调时,同样会采取这样的策略。

(一)仅接一家的团

一到旅游旺季,大理几乎每家旅行社都处于"可用导游不足"的状态。旅行社为了减少日常运营成本,很少供养专职导游。到了旅游旺季,特别是平常

---

① 欧文·戈夫曼:《日常生活中的自我呈现》,冯刚译,北京:北京大学出版社,2008 年第 89 页。
② 欧文·戈夫曼:《日常生活中的自我呈现》,冯刚译,北京:北京大学出版社,2008 年第 41 页。

积累的兼职导游资源不充分的旅行社,可能会出现"有团无导游"的状况,即使旅行社掌握的导游资源丰富,也可能面临一种状况即导游挑团——导游选择别家团质较好的旅行社,从而造成该旅行社"有团无导游"的困境。做兼职导游的好处就是来去自由,完全处于自主决策的状态。深知旅行社害怕陷入"有团无导游"这一困境,导游会向旅行社展现自己的忠诚来缓解旅行社的忧虑。比如"W计调,谁家的团我都不接了,不管团好团差,以后我就在你家带团了",通过这样的方式来向计调表示:尽管自己没有在该旅行社拿专职导游的工资,没有得到专职导游的待遇,但是自己依然会向专职导游一样,只在该旅行社带团,只为该旅行社服务,并且不管什么团质,只要旅行社安排,自己都会接下来。导游通过展现忠诚来减少旅行社在旺季时找不到导游的压力,旅行社对表现忠诚的导游会有所回报,如将团质较好的旅游团队优先分派给展现忠诚的导游。

(二)急旅行社之急

大理旅游最火热的时间是每年5至8月,导游普遍处于供不应求的状态。当旅行社急需导游上岗却找不到人时,导游可能会为旅行社介绍自己在导游界的朋友为该旅行社出团帮忙,以解旅行社的燃眉之急。对于导游这样慷慨相助的行为,旅行社计调会非常感激并且也会适时做出回报,如特意挑好团给该导游带,在旅游淡季时多给该导游派几个团等。

二、尽力讨好:导游与司机

旅游车司机与导游都是作为"剧组"中的重要成员,都了解在上演的"幕剧",都了解舞台演出技巧上的秘密,都是"知情人"。在"剧班"进行表演时,剧班成员都有权放弃表演或用不恰当的行为来破坏表演。所以,同一个剧班的每个成员都必须依赖同伴们的恰当举动和行为。[①] 在导游在舞台前面对游客进行表演的过程中,司机的配合很重要。但并不是每位旅游车司机都会作为合格的"剧组"人员来配合导游在前台的演出。这得根据不同的情境进行分

---

① 欧文·戈夫曼:《日常生活中的自我呈现》,冯钢译,北京:北京大学出版社,2008年第72页。

析：当司机参与游客购物分成时，为了自己的利益，一般都会尽量配合导游在前台的演出，当然也不能排除旅游车司机与某位导游有过节，对某位导游印象非常差，为了报复导游而牺牲自己的利益，故意破坏导游的"演出"。如果司机与旅行社合作的方式是干包①，那么导游的利益与司机的利益无关系，尽管司机不敢太明目张胆地与导游过不去，直接出面破坏导游的演出，但若导游没与司机处理好关系，未做好"剧组"间的协调工作，司机很可能会在暗地里"搞小动作"来离间导游与游客之间的关系。比如捏造几个关于该导游品行恶劣的小故事或者将行内秘密透漏一些给游客，而导致导游的表演遭受溃败。即使旅行社与司机的合作方式是非干包的，但司机从购物中拿到的分成也远远低于导游。为了防止"被司机穿小鞋"等情况的发生，导游会尽量讨好司机。

司机的配合对于导游来说很重要。如果距离进店的路程很短，但导游需要讲解的还有很多，那么就需要司机把车速放慢。懂得配合的司机甚至会绕行，以便让导游有足够的时间来把该讲的内容讲完。

在进景点时，一般导游会告诉司机在哪个点停车让游客进去，在哪个口子（出口）等待游客。懂得配合的司机会这样做，但如果司机不想配合的话，可能就不会按照导游说的做了，而是让导游把游客带到哪个点。这样就可能使得导游没有办法按照规定的时间走完行程，或者说行程走完了但因花在路上的时间太多而导致导游服务质量下降。

在与游客相处的过程中，司机也是很重要的。乐意配合导游的司机在导游讲解过程中，一般都会很安静地开车，不会插嘴，但是不配合的司机，就会乱说话，说你导游这个说得不好，那个说的不对。配合好的司机会尽量去亲近游客，会与游客相处得很好，但是如果司机和游客相处不好，那么游客就会有消极情绪，并把这种情绪转移到导游身上，这样就会让导游很难做。对导游厌恶的游客，一般来说，是不会相信导游所说，感受不到导游的热情，不会去购物的。②

（一）态度友好

导游接到旅游团向游客介绍自己后，紧接着会用很有礼貌的语言甚至是

---

① 干包：旅行社一次性付清旅游车司机的车费，司机不再参与游客购物的分成，相当于普通意义上的"租车"。
② 访谈对象：H；访谈地点：H 租房内；访谈时间：2012 年 6 月 19 日。

溢美之词来介绍司机,比如"这位是我们的司机,他是一位老大理,对大理的各种风俗民情都了如指掌,人也特别好,你们如果有什么问题可以尽管问他"。让司机备受游客尊敬。导游通过给司机"戴高帽子"等来增加司机对自己的好感。同时,导游在与司机平常的交谈中都会尽量表现出礼貌。尤其是新导游,对旅游车司机有个好态度非常重要。

(二)照顾就餐

2012年6月5日,笔者跟随H出团纪实:

在H进进出出把游客的就餐安排妥当后,对笔者说:"走,趁着他们吃饭的空档,我们也快速地把早点给解决吧!"本着就近原则,我们钻到了酒店旁边一家小米线店,时针刚刚指向清晨7点10分,导游们已经将这间小店坐得满满的了,看来这个地方是导游们的"定点早餐店"。这是一间非常小的米线店,老板是个女的,回族人,小店里总共才10个左右座位,店外还摆着两张小桌子,这时候外面正好下着雨,有两个导游坐在简易搭建还漏着雨的塑料棚下快速地吃着米线。我和H好不容易才等到一个位子,坐下来后要了两碗5块钱一碗的米线。H眼尖,看见我们今天的旅游车司机也在这里,她赶紧跑过去问旅游车司机:"司机大哥,你的早点付过钱了没有?"司机答:"还没有。"H快速地解决完米线后,将3碗米线的钱递给了老板,并回头与司机说:"司机大哥,你的早点钱我已经付过了。"司机"嗯"了一声,没有说声谢谢。笔者不解地问H:"为什么司机一个大男人还让你这个小女人付钱呢?"H说:"在导游行业里,导游给司机付饭钱早就是不成文的规定了,给司机付早点钱、付饭钱已经被司机认为理所当然的。要是导游与司机在一起吃饭,导游没有给司机付钱的话,司机得给你'穿小鞋'了。为了他们能够在我们带团中配合,聪明的导游都会给司机付饭钱。"

(三)配合"小动作"

部分旅游车司机与旅途中经停的消费点有私下合作关系:在旅途中,司机将旅游车停下让游客上洗手间或者休息,其实可能是从该休息点的消费点取得刹车费、游客购物后返回的回扣,而这部分钱只会落入司机自己的小私囊。H说,在云南其他地方,刹车费是司机与导游一起分的,但是在大理,导游不参与分成,所有的回扣都会进司机的腰包。与这些消费点有合作关系的司机也需要导游的配合,比如在驶往 P 购物店的路途中,有些卖药的小贩在此摆摊设点,部分旅游车司机与这些摊点主私下有合作关系。若导游不想游客耽误在 P 购物店消费的时间与机会,不愿意游客们在这里消费,某些导游便会提前"放水"①,提醒游客,如小摊贩售卖的是假货或者物有所不值,请大家保持谨慎,最好不要购买。一旦导游对游客进行了这样的"洗脑",游客便不会再去购买这些小摊贩的东西,而司机便也没有了这部分收入。所以,如果司机与这些摊贩有合作关系,就会请求导游不要在这里"放水",让游客在这里消费。而很多时候为了取得司机对她表演的配合,导游会按照司机所说的去做。

(四)"吃红"

当导游出单成绩很好时,导游们都会主动给旅游车司机"吃红"。特别是旅游车司机与旅行社合作的方式是干包,而且该团游客消费额巨大,如 10 万以上,导游拿到的回扣够多时,会给司机"吃红",少则一两包烟,多则两三百块钱,为的是避免司机眼红及希望司机在以后的合作中尽量配合导游"演出"。

导游与司机关系较好可以促进导游前台演出的成功。2012 年 6 月 6 日,笔者跟随 H 出团,因为昆明导游的"放水"导致大理这一站很是难带。H 讲解时,有游客一直用昆明导游批评大理的说辞来驳斥 H。甚至在 H 尽心尽力、铆尽心思为游客们提供周到而热情的服务后,他们还偷偷问司机:"E(旅游车司机),导游 H 是个什么样的人呢?"因为这次旅游车的车费是旅行社直接足额支付而不是购物提成,导游与司机没有任何直接的利益关系,在这种情况下游客问司机,司机这时候的回答对导游 H 非常关键,可以说能直接关系到导游 H 整个表演的成败。面对游客这样的提问,E(旅游车司机)回答:"不错的,这位 H 是很厚道的!"E(旅游车司机)事后对笔者说,因为今天跟他车的是导游 H 所以他才这么说,他之前与 H 一起带过团,导游 H 为人不错,并且那时出单 1A②多。若是其他导游,他就会根据个人的喜好张口随便说。

---

① 由于每一个旅游地都有不同的导游上团并且彼此之间推销的产品大体相同,处在行程前旅游地的导游即上级导游为了让游客"敞开心扉","毫无保留"地在该旅游地进行消费,就会对游客即将去游览旅游地的导游或者该地的旅游产品进行贬低,以凸显自己及其地产品,上级导游的这种行为就叫作"放水",而下级导游面对这种情况就会进行反击,这种行为就被称为"反放水"。

② A:大理旅游业内行话,此处的 1A,即为 1 万元,1B 即为 1 千元。导游出单超过 1 万,即为 A 导,低于万元,即为 B 导。B 导含有贬义。

导游会在表面上会做足功夫,尽量讨好司机,但是有时候很多导游也会在背地里"跳墙"。

笔者:为什么司机普遍认为导游不好?

M:部分原因是,一些导游会因为自己的带团与分利益时占主动位置,而某些"跳墙"导游会克扣属于司机的那部分利益,本来应该给司机150(元)的,却只给司机100(元);有时候游客明明进店消费了,导游应该分给司机一部分佣金,但是导游可能不给。很多人都会这样做,但我是不敢的,我只会多分不敢少分,比如本来是给130(元)多点啊,我会直接拿给司机150(元)。K是最会克扣司机的钱了,比如今天进了F银器购物店,客人消费了5000块,当司机问他消费了多少的时候,她可能就会说3000(元),这样她就会少分一些给司机。我就和她说,做导游就应该像你这样,这样才能赚钱,像我这样赚不了钱的,我觉得他真的是做导游的料。而我觉得总是不好的,因为万一被他们知道了,都在这个行业里混,抬头不见低头见。还有一部分原因是,有些导游有时候觉得自己讲解水平不怎么的,没有让顾客消费,没有让司机赚到钱,为了表示歉意就把自己给献上了,因为行内个别这样的"献身"导游的存在,导致社会以及司机等一些人对整个导游群体都这么看。其实那样的情况只是极个别而已,像我和H身边交往这些导游朋友就很少有这种情况。①

三、相互帮助:同级导游

同一行程中的不同旅游地会有不同的导游上团。若游客的行程是昆明—大理—丽江,游客每到一个旅游地都会由当地导游来接待。昆明的导游对于大理的导游即是上一级旅游地的导游,本书将之界定为上级导游,而大理的导游之间本书称之为同级导游, 而将丽江导游界定为大理导游的下级导游。一般来说,同级导游之间因嫉妒、眼红等都无法建立良好的关系,特别是同一个旅行社之间的导游关系更是如此。L说:"特别是在一家旅行社带的时候,因为压力大啊,竞争大。相反不是在同一家旅行社带的,感情要好些。特别像是在

---

① 访谈对象:M;访谈地点:H租房内;访谈时间:2012年6月15日。

同一家旅行社的时候,有些人出单了,对方就眼红了。"H说,尽管私下里眼红嫉妒得不行,但是很少导游会将这样的情绪表面化。为了更好地开展工作,导游在不损害自己利益的情况下一般采取"能帮就帮"的行动原则。

(一)相授技巧

当导游遇到以前没有接触过的客源地、少数民族游客或者新合作的购物店时,为了保证"表演"的成功,导游们都会积极向其他更有经验的老导游请教。比如"上次那个蒙古族旅游团是你带的吗?具体情况怎么样啊?有没有特别需要注意的地方?"而被请教的导游也乐于相授。如H被旅行社要求带游客进以前没有进过的Q购物店,H不了解该购物店的具体情况而求助L,L说:"你今天上午可以好好瞧瞧、问问,看看他们之中是不是有些人来过大理,当时到过哪家购物店,要是他们来过P购物店,你就直接和旅行社说,让他们这个团也进P购物店,这家消费的氛围好。今天上午你先大致了解下,也可以向他们的全陪咨询下。不过,Q购物店这两天人气也好呢,不怕。"

(二)相互借钱

相互借钱是导游之间经常发生的一件事。游客消费后,在旅行社没有返还导游这部分回扣之前,导游必须先给司机与全陪支付按照消费额及回扣比例应给他们的回扣,因为导游无法预知游客的消费额,同时由于很多购物店周围没有银行也没有提款机,所以导游经常会面临一种状况,就是钱带得不够,按照约定俗成的"导游应该及时支付这笔钱"的规定,这时候导游就必须向相熟的同级导游借钱,而其他导游面对这种情况都会及时给予帮助。H说,"以后谁都可能碰上这种情况,其实帮助别人也是帮助自己"。

四、热情周到:全陪导游

2012年6月2日,H接到派团通知后打电话联系全陪导游。H向笔者解释:打给全陪的这通电话非常必要,一般来说,全陪导游认为自己的地位在地陪导游之上,如果不对她们示好,很多全陪导游可能会用各种理由为难地陪导游,所以这就需要提前打好关系;同时全陪导游掌握着非常丰富的游客信息,对做好地陪导游服务工作很有帮助,有时候全陪导游提供的信息对于地陪导游更好地把握游客心理及期待服务、出单起到非常大的促进作用。以下是 H 打给全陪导游电话录音:

您好!请问是 X 导吗?我是大理的导游 H,欢迎您到大理来!坐车还辛苦么?我想跟您确认下车次,好的,那么我就在明天早上 7 点半在大理火车站等着你,那就麻烦您多照顾哈。嗯嗯,好咧,山西省太原市 排排 局的。那客人有没有特殊要求呢? 好的,那辛苦您了!

H 对待全陪的热情周到不仅体现在相处的态度上,同时体现在为全陪争取利益的行动上。笔者跟团中,一位全陪导游及 H 在带领游客到 P 购物店购物时, 全陪导游看中一只翡翠手镯,H 立即以合作旅行社地陪导游的身份向购物店为全陪导游争取低价。可能为了表示感谢, 全陪导游给 H 提供信息:"这个团的'黑马'应该就是那对穿着一般的母女,她们在昆明看中了翡翠镯子和挂件,但是各种原因没有买。你可以专门向这两个人'推'一下。"于是,H 对症下药,果不其然,这对母女消费额达 4 万余元。为了进一步表示对全陪导游的感谢,H 向地接社申请给全陪导游的回扣提升 2 个点, 全陪导游得知后非常开心并表示希望以后还有合作的机会。

H:他们进过 R 购物店了吧?

C 导(全陪):进是进去了,但是购买不多。

H:我看见了,他们手上很多都是几百块钱一根的。

C 导:他们之中有两个买了 100 块钱 4 根的镯子。

H:为什么呢?

C 导:他们觉得昆明没好货,不想买。[①]

五、"反放水":上级导游

大理导游经常面临的一个问题:由于每一个旅游地都有不同的导游上团并且彼此之间推销的产品大体相同,处在行程靠前的旅游地导游即上级导游

[①] 被记录对象:H、王导;记录地点:H 租房内;记录时间:2012 年 6 月 5 日。

为了让游客"敞开心扉""毫无保留"地在该旅游地进行消费，便会对游客即将去的旅游目的地的产品或是该地的导游进行贬低，以凸显自己及其旅游地产品，上级导游的这种行为就叫作"放水"，而下级导游面对这种情况就会进行反击，这种行为就被称为"反放水"。游览昆明后，游客若继续游览大理，游客普遍会被昆明导游进行"放水"，比如"大理的翡翠都是假货""大理的翡翠比昆明要贵"或者"大理导游凶神恶煞"等，以制造游客在大理进行购物的心理障碍。为了消除这一障碍，大理导游必须做的一件事就是"反放水"。

下文是 H 在导游讲解中"反放水"的一段讲解词：

有些团友去过了昆明的 R 购物店，有些团友去过了 S 购物店，这两个店是昆明比较大的店。我要告诉大家，你们在那里买的东西全部都是真的，没有一样是假的，这个你们可以放心，还有就是 R 购物店的所有翡翠都是从我们大理 P 购物店这个地方过去的，是同一个老板的不同门面店，所以翡翠的质量这个大家可以放心。但是不知道大家有没有发现，像 R 购物店与 S 购物店，它们里面卖的翡翠都比较贵，因为光是他们每年用于广告部分的费用就已经非常高。拼拼的开心辞典，不知道大家是否看过，要是细心的游客，可以看到有时候在拼拼的左手或者是右手上会戴着一只翡翠手镯，据说就是 S 购物店送给她用来打广告的。同时，R 购物店与 S 购物店 60% 的货物都是通过我们 P 购物店这个地方进货。大家知道，我们云南是不产翡翠的，那么翡翠产在哪个地方？就是缅甸的密支那，同时大家知道缅甸是比较穷的，他们没有先进的加工技术，在缅甸开采了之后，就是回到我们大理这个地方加工，加工以后再运到丽江、昆明、版纳，还有你们北京、上海。你想想，翡翠从我们这里到你们那里，光是一个运输费，这个价格自然就高上去了。打个比方说，在我们等会儿要进的这个地方，卖 1000 块钱的翡翠到了 R 购物店与 S 购物店，起码要卖到 1700(元)和 1800(元)。大家进店后可以逐一比较下。

可能你们在游览过程中，R 购物店与 S 购物店的销售人员都会说"除了我们这里，云南其他地方的翡翠都是假的！"很多人都说同行就是对手，但是我不这么觉得！我觉得同行都是朋友，我带团呢，不会诋毁别人的东西来提高自己物品的价值。我是用我的服务、我的态度、我的真心来换取大家的诚意。我们推销一样产品，首先要将自己推销出去，你要相信我了，喜欢我了，才会相信我所说的东西，对不对？如果总说别人的东西假，那么我想他自己的东西肯定也真不到哪里去;总说别人不好的人,肯定自己也好不到哪里去。可能骗两三岁的小孩子还差不多,但是对于我们在座各位来说,我相信这样的谎言是不攻自破的。像在P购物店这个地方,我带的团在这里消费的少则三五万,多则一两百万的,都有!如果这里的东西是假的,那么那些买了一两百万的有钱人难道是傻子吗?他要是将这一两百万用在公益事业活动上,那样他还更好。他花这么多的钱来买个B货、C货,是不是脑子有毛病啊?这也可以证明这里的东西都是真的。同时P购物店在这里做了几十年的生意了,售后服务做得非常好,一旦有人发现这里有一样东西是假的,那么它的这个招牌就算是砸了!所以在大理P购物店翡翠加工厂这个地方,是没有一件东西是假的,请大家放心。①

六、"放水":下级导游

昆明导游为了更好地推销昆明店售卖的翡翠,会告诉游客:大理翡翠购物店的玉石很多都是B、C货,让游客直接在昆明购买而不要想去大理购买。昆明导游会放大理的水,大理导游在对昆明进行"反放水"之后,为了让游客把更多的钱花在大理而不是留着到丽江、香格里拉或者腾冲,大理导游同样会对下级旅游地进行"放水",尽管导游们一般针对的是下级旅游地,但是造成最直接影响的是下级导游。

H对游客行程的下一旅游地——丽江"放水":

我们大理的第一产业是烟草业,并不是旅游业,旅游业在我们这里占的比重是非常小的。像丽江就不同了,明天下午大家要去的地方,他们的经济来源几乎全靠旅游,号称"全民做旅游"。一个丽江古城,就把世界的游客吸引到丽江了。丽江有一条非常有名的酒吧街,很多游客甚至就是奔着这酒吧而去的。这里消费非常贵,外面三四块钱的啤酒,一进到里面就是五六十元人民币一瓶,靠近歌手的位置消费就更高了。丽江的物产没有大理这样丰富,所以那里的物价什么的就要贵很多了。打个比方,我们大理打个出租车就是6块钱的起步价,但是在丽江是7块,大家在昆明有没有打车呢?昆明的起步价是8块,还有3块的燃油附加费。我们大理的早点,饵丝、米线或者面条之类的,5块钱完全可以搞定,但是丽江和昆明

---

① 被记录者:H;记录地点:旅游大巴内;记录时间:2012年6月15日。

一样至少要 8 块才能干(云南方言,吃)得下来。我们大理是一个农业城市,有"天干三年,吃白米"之说,就是因为有洱海进行调节,我们的农作物种类多、长得也繁茂,所以天干三年对我们没有什么影响,我们自身能够提供诸多资源,所以我们这里物价什么的,比丽江就要低很多了。还有那些街边的小吃,也能感受出来,丽江那边的物价就要贵多了。丽江的消费水平比大理高很多,员工工资肯定也比这里要高,因为地理位置更加偏远,几乎所有的消费品都要比大理高。这位老板在丽江经营销售的成本比大理要高,所以翡翠的价位就自然更高了。①

H 对游客行程中翡翠集散地——瑞丽的"放水":

很多游客都知道离缅甸最近的是腾冲瑞丽,大家都以为那边的翡翠最好最便宜,但是我要和大家说,首先那边的米线比大理至少要贵 3 块钱一碗,这个物价水平大家自然就清楚了。其次,那边的翡翠真假难辨,你看着像真的,其实是假的。不像我们大理 P 购物店假一赔三十,并在中国保险公司投保了,一旦发现假货直接在你们当地保险公司索赔。瑞丽那边地方就不敢保证了。②

"放水"并不一定只发生在上级导游对下级景点中,即使在大理,当导游不想游客在某一地方比如大理古城购物时,导游仍然会对大理古城的购物店"放水"。

七、跟踪或守株待兔:购物店

导游的"守株待兔"具体分为两种方式:一是在酒店"蹲点";二是在购物店"蹲点"。③在酒店"蹲点"指的是导游在游客下榻的酒店门口等待游客,当游客外出购物时,尾随之。即使是与旅行社有合作关系的购物店,但也不总是作为"剧组人员之一"来维护导游的"演出"。大理的游客住在下关而不是古城,这往往是旅行社刻意的安排,其中主要有两种考虑:一是下关片区的酒店较多,价格便宜;二是下关片区的购物店较少,可以防止游客自己出去购物。尽管旅行社千防万防,但总会有个别游客跑出去购物。H 说:"遇到这种情况,导游只能有一种方法,就是在酒店门口守着,关注游客的动向,如果

---

① 被记录者:H;记录地点:旅游大巴内;记录时间:2012 年 6 月 15 日。
② 被记录者:H;记录地点:旅游大巴内;记录时间:2012 年 6 月 15 日。
③ 目前导游采取在酒店"蹲点"或是在购物店"蹲点"获取回扣的情况已经很少发生。

有必要就得跟踪游客。"导游 G 给笔者讲了一个事例:有位导游接的是一个全部是老板级人物的会议团,导游带着大家进购物店时,他们才买了 7 万多,导游不相信依他们的实力才买 7 万多,晚上就在酒店门口守着。果然不出导游所料,这群游客吃过饭就叫了出租车直奔玉石城,于是这位导游跟着前去,并在游客们进店之后偷偷告诉店家这是她的游客,结果这群游客在购物店消费额达 80 万!

在导游的表演中,购物店属于"剧组"成员之一。但是购物店并不总是与导游、旅行社处于"统一战线",某些商家为了从游客的购物中取得更多利润,会想办法将旅行社、导游与司机抛开,这种情况在大理旅游行业中也被称之为"跳墙"。大理购物店存在这样一种情况:当导游带着游客进了某家店,游客表示看中某种价位很高的商品并希望能以低于标价成交。为了独占这笔丰厚的利润,店家可能私下和游客说:我们现在不要成交,你住在哪家酒店?晚上我把东西送到你住的地方,到时候你再以这个价格给我就行了,如果在这里成交,我是不会以这个价格卖给你的。如果游客同意与商家达成协议,旅行社、导游与司机就被购物店"跳墙"了。店家偷偷与客人约定,另外在其他时间和地点交货,以较低的价格将商品出售给游客,在大理旅游市场上普遍存在,特别是当游客想要购买的是贵重之物时。购物店采取这样的方式往往存在一定的风险即游客得到商品之后将店家与游客私下成交的信息透露给导游,那么这家购物店可能面临被所有大理旅行社列为"拒绝往来户"的风险。尽管风险巨大,但购物店一旦遇上"大客户",很多时候依然会铤而走险。导游则采取在游客下榻的酒店进行"蹲点",随时关注游客动向。

除了"蹲点"酒店,在旅游旺季时,导游可能直接在购物店"蹲点"。导游 H 说:"几年前,每到黄金周,很多导游都不带团,直接去与旅行社有合作关系的购物店'守株待兔'。当看到'毛色'比较好没有导游带领的客人一进购物店,他就和购物店的相关负责人说:'这些人是我的散客。'导游通过这样'守株待兔'的方式直接从店家提取回扣。当然,现在大理已经不存在这种情况了!"

小结:舞台后的协调及其结果分析

尽管导游是舞台前唯一的表演者,游客在旅游中获得的服务其实并不只是导游独立提供,导游背后有与其相互配合的一个"剧组"。如果要使"剧班"的总体印象令人满意,要使表演取得良好的效果,就要求"剧班或演员阵容"的每一位成员以不同的身份出现。在 H 为游客服务的这个"剧组"里,主要成员有:旅行社的计调、旅游车司机、全陪导游。

如果说这是一场秀,那么旅行社的相关人员因为掌握了旅游团的来源及其分配等资源与权力,相当于整个表演幕后的"导演",导游则是这场秀的表演者。从规则上来说,导游听命于"导演",但是为了营造更好的生存环境,有些导游会运用各种"武器",比如向旅行社展现忠诚、向计调献出身体等。这一部分导游往往能够为自己营造一个更好的生存环境。其中有一部分导游则会背着旅行社私自带着游客进店,如果旅行社没有发现,那么导游将获取高额的佣金回报,如果一旦被旅行社发现,那么导游将面临声誉受损、职业危机等风险。其实质就是一场博弈。还有一部分导游恪尽职守,有原则有道德,严格遵守与游客及旅行社之间的规则,但是这一部分导游的生存境况相较于其他两种进行"抗争"的导游来说,生存境况较为糟糕,收入不高,甚至有些因为入不敷出已退出了导游行业。

旅游车司机与导游的关系也是一种很微妙的状态。旅游车司机与导游都是作为剧组中的重要成员,都了解在上演的"幕剧",都了解舞台演出的技巧上的秘密,都是"知情人"。导游的表演想要成功,需要司机的恰当举动和行为。当导游在舞台前面对游客进行表演的过程中,司机的配合很重要。但是并不是每位旅游车司机都会作为合格的"剧组人员"来配合导游在前台的演出。这得根据不同的情境进行分析:当司机参与游客购物分成时,司机为了自己的利益,一般都会尽量配合导游在前台的演出,当然也不能排除旅游车司机与某位导游有过节或对某位导游印象非常差,为了报复导游而牺牲自己的利益,故意破坏导游的"演出"。同时,即使旅行社与司机的合作方式是非干包的,但是司机从购物中拿到的分成也是远远低于导游的,导游会尽量讨好司机,照顾司机就餐、给司机买烟、出了大单给司机"分红"等,促成前台表演的成功。但如果司机与旅行社合作的方式是干包,导游的利益与司机没有直接的联系,那么尽管司机不敢太明目张胆地与导游过不去,直接出面破坏导游的演出,而如果导游没有与司机处好关系,司机就很有可能会在暗地里"搞小动作"来离间导游与游客之间的关系,比如捏造几个关于该随行导游品行恶劣的小故事,或者作为"知情人"的司机随时可能将行内秘密透漏一些给游客,那么导游的表演将遭受溃败。

全陪导游与地陪导游直接目的都是为了服务好游客,他们最终目的是存在差别的。地陪导游的最终目的是通过服务好游客,建立游客与导游之间的信任关系,从而通过这个关系引导游客购物消费、从中赚取佣金的目的。尽管全陪导游可以从购物中获得少额的购物分成,但是全陪导游的最终目的依然是通过服务好游客,取得游客满意,让游客回到组团地给组团社兑现那部分未付的旅游团费用。这样地陪导游与全陪导游之间就存在一种冲突:地陪导游想要尽力推销产品,但全陪导游害怕地陪导游让游客购物太多,引起游客反感,导致游客不愿支付剩余的团款,所以不希望游客购物太多。并且,相对地陪导游来说,全陪导游较受游客信任,在团队中具有较高的威信。地陪导游为了让全陪导游不阻扰游客购物,会讨好全陪导游,在全陪导游有需要的时候尽量给予帮助,比如全陪导游某个购物店的商品,地陪导游用自己的身份为全陪拿到地陪导游才能享受的低价,为全陪导游省下一大笔钱,从而促使前台表演的成功。但如果全陪导游过于希望让游客满意,那么将会破坏地陪导游的"表演"。

结论:导游失控行为发生根源分析—— 对导游服务的不同认知

近年来,每逢"五一"长假或是"十一"黄金周游客出游的高峰期,便有导游甩团、导游骂人等事件曝出。在百度上以"导游甩团"为关键词进行搜索,可以搜索到 2554 条相关视频[1];以"导游骂人"为关键词进行搜索,可以搜索到 1094 个相关视频[2];以"大理导游骂人"为关键词进行搜索,可以搜索到 1104 个相关视频[3]。搜索查看关于导游骂人的负面新闻网页,以云南省导游最为突出,如"2015 年丽江导游骂人"等。一旦有导游的负面新闻出来,大众对出事导游恨不得杀之而后快。

经查阅大量网页信息及访问数十位游客,笔者发现,90%的大众及游客普遍认为:"当游客已支付团费,导游便应提供优质服务。"

导游群体如何看待这一观点?笔者经调查分析得到以下结果:导游认为自己在没有任何薪酬情况下为游客当牛做马,把游客当亲爹亲娘一样哄着、供着,当游客没有一点的回报表示时,导游便会产生极大的心理失落;假如游客再有不恰当的言行刺激到导游时,导游便可能行为失控。笔者认为,对导游服务的不同认知是造成游客与导游关系紧张、造就"疯狂"导游的根源。

一、这是一次经济交易——游客眼中的导游服务

根据目前国内关于导游小费以及导游获取回扣行为的研究,可以看到大多数的游客对于给予导游小费及导游获取回扣的行为不能接受。代表观

---

① 搜索时间为 2015 年 7 月 9 日 18:00,搜索方式:以百度为搜索引擎进行搜索。
② 搜索时间为 2015 年 7 月 9 日 17:55,搜索方式:以百度为搜索引擎进行搜索。
③ 搜索时间为 2015 年 7 月 9 日 17:56,搜索方式:以百度为搜索引擎进行搜索。

点是:游客在支付给旅行社的旅游费用中,已经包含了导游的服务费,导游或旅行社没有理由再要求游客支付导游的服务费,游客向导游付的"小费"实质上涉嫌重复收费,而回扣更是不合法的。更有甚者,有市民表示:"参加旅行团时,游客已经按照旅行社出示的价格标准支付了团费,导游为客人提供优质服务是天经地义的事,我们为什么还要给他们小费?"不论是小费还是回扣,游客认为导游都不应该拿,自己也没有必要给。在游客看来,导游为自己提供服务的过程是履行自己与组团社契约的过程,自己已经像购买"产品"一样购买了服务。这来源于中国老百姓所根深蒂固的服务观念,游客认为自己已经缴纳了团费,里面除了景点门票、交通食宿、导游服务费等一系列费用。而且导游本身应从旅行社领取工资,游客没有义务替旅行社再给导游发工资或奖金。所以导游理所应当为自己提供热情的服务,自己无需再为导游服务付费。

"社会交换会引起个人的义务感、感激之情和信任感,而纯粹的经济交换则不能。如果在没有适当的附属担保物的情况下,一个银行家同意借给一个人一笔钱,他确实会使贷款接受者个人对这种优惠待遇很感激。然而一个人并不会感激银行家,因为银行家的所有服务,所有成本和风险都被适当地考虑进他所借的贷款利息里了,并且全部以利息的形式被偿还了。"[1]在游客看来,他与导游之间的关系属于后一种。

我国大多数人都以购买产品的心理来看待服务购买,觉得自己已经支付了旅游费用,就应该得到优质服务,不应该再支付任何费用。而实际上,购买服务所支付的只是对基本服务的报酬。游客们忽略的是有形商品的消费往往是"一次性交易",但是服务的交易往往是一个连续性合约。[2]服务具有特殊性,这些特殊性是服务业迄今为止保留下了"小费制"的根本原因。最直接导致服务业实行"小费制"的原因是服务的异质性与生产和消费的同步性。[3]服务的异质性是指购买和接受服务的顾客,对于服务存在着大量个性化要求,没有任何一种服务会是相同的,这就使服务的经营者很难对服务质量像有形产品的营销那样,制定统一或标准化的质量标准。服务经营者要根据不同顾

① 〔美〕P·布劳:《社会生活中的交换与权力》,北京:华夏出版,1998年版,第95页。
② 刘宝宏:《小费的性质与合约安排》,《旅游学刊》2006年第6期。
③ 于建原,李永强:《我国服务行业实行"小费制"的可行性分析》,《价格理论与实践》2004年第11期。

客要求,由服务人员对不同顾客提供有差异化的服务。服务人员提供的服务顾客是否满意,不仅要有个性化,还受到服务人员具备的服务技能、工作态度等因素影响。[①]服务在生产与消费上的同步性决定了顾客要参与到服务生产过程中,生产与消费是在同一时空进行的。期间,顾客与服务人员始终要进行互动交流,服务企业要非常强调服务人员对顾客服务要有热情和蔼的服务态度。"小费制"就是将对服务质量的判定和对服务人员工作态度的感受交由顾客评定,顾客满意支付小费,也就同时对服务人员产生了激励或奖励,因而顺利解决了难以由服务组织建立的质量监督和激励方法。[②]

对提供优质服务的导游给予小费还没有在国人中形成习惯,在这种情况下,导游们则寄希望于游客能够购买一定的物品,获得这部分的购物回扣作为游客应该给予的回报。但是游客却将导游服务视作自己已经购买的"商品"来享受,并且因为传统文化的影响将导游的热情服务视作理所当然,因而很少会有游客主动给予导游小费或者对于导游要求回报的行为完全不能理解。

二、这是一场社会交换——导游眼中的导游服务

布劳认为人际间的社会交换开始于社会吸引。他指出,如果一个人期望与别人的交往带来报酬,那么不论这些报酬是内在的还是外在的,他们都会受到能提供这些报酬的人吸引。研究导游与游客之间的交往过程我们可以发现,导游受到游客购买东西之后所获得的回扣所吸引,游客受到导游热情周到体贴的服务所吸引,而导游提供的导游服务却缺乏一个硬性标准,尽管《导游人员管理条例》对导游服务有相关规定,但是提供低劣还是优质的服务主要依靠导游个人自觉,正因为导游服务具有特殊性的、无法具体衡量的附加价值,才使导游服务业需要小费或者其他形式的回报参与价值交换。布劳认为,社会吸引过程导致社会交换过程,并且涉及服务的经济交易比商品或服务产品的纯粹经济交换更接近于社会交换。[③]

---

① 〔美〕彼得·布劳:《社会生活中的交换与权力》,孙非、张黎勤译,北京:华夏出版社,1998年,第148页。
② 于建原、李永强:《我国服务行业实行"小费制"的可行性分析》,《价格理论与实践》2004年第11期。
③ 于建原、李永强:《我国服务行业实行"小费制"的可行性分析》,《价格理论与实践》2004年第11期。

布劳认为:"两个个体之所以相互交往,是因为他们都会从交往中获益。两者彼此吸引、为了获益的目的进行交往就构成了社会交换的基础。某些社会交往具有内在性报酬,朋友们在相互交往中找到了乐趣,不管在一起做什么,比如爬山、看一场足球比赛,都会给他们带来乐趣。这种乐趣由于交往本身具有的满足而得以增加。"① 导游与游客之间的交往确实存在内在性报酬,首先比起电子导游来说,游客们更加中意有血有肉、面带笑容、能够为他们鞍前马后张罗的导游。在导游与游客之间的交往中,两者都受到对获得各种类型的社会报酬之渴望的支配:游客期望导游热情相待,导游希望游客以善报善。

布劳认为社会交换行为的实现需要两个条件,缺一不可,这两个条件就是:"一是该行为的最终目标只有通过与他人互动才能达到;二是该行为必须采取有助于实现这些目的的手段。"② 研究导游与游客之间的关系可以发现,游客要在旅游中达到愉悦身心的目的,必须与导游发生互动才能实现。游客想要了解更多景点典故,他得张口问导游,导游一一回答;游客想要听听导游唱首民族歌曲,而导游在唱这些少数民族歌曲时,也是需要游客应答的。比如导游在唱大理民间小调时,导游唱"阿哥,阿哥……"需要男性游客唱答:"哎哎哎!"导游唱"金花,金花……"需要女性游客唱答:"哎哎哎!"通过如此导游与游客的互动才能使得导游工作继续进行,也只有游客回应导游才能使得游客获得更大的愉悦。从游客角度来讲,他们会在导游需要回应的时候给予附和,给予掌声,给予赞扬等,这些都是游客为了使得导游更好地为他们服务、同时也让自己在旅程中获得愉快的手段。从导游角度来看,大理导游的薪酬主要来源是游客购物所返回扣,导游要让游客多多的购物,获取多多的购物回扣,首先必须努力与游客建立交往关系,必须用各种手段取得游客信任。一般来说,导游会采用多种手段比如苦情记、表孝心等来促使目标的实现。

当导游为游客提供优质服务时,期待游客能够有所回报。他们会明确告诉游客自己的工资全部或者大部分来自游客消费后商家所返还的回扣,希望游客能够进行消费或者能够给予他们一些小费。某些导游甚至会

---

① 〔美〕彼得·布劳:《社会生活中的交换与权力》,孙非、张黎勤译,北京:华夏出版社,1998年,第50—51页。
② 〔美〕彼得·布劳:《社会生活中的交换与权力》,孙非、张黎勤译,北京:华夏出版社,1998年第140页。

对游客说"你什么都不买就是无情无义"。在导游眼中这就是一场社会交换关系。如果游客不做出任何的回报,游客就是无情无义之人。导游 H 认为,尽管旅游合同里明确表示应该为游客配备导游,但并没有对导游所提供的导游服务注明具体要求,导游可以提供低劣服务、一般服务也可以提供优质服务,而自己为游客提供热情的、迅速的、优质的导游服务过程是在与游客建立社会交换关系的过程。不管是物质性的回馈还是精神性的回馈,都是他们所期待的。不论多与少,一旦导游觉得已经得到了回馈,消极情绪便会得到抑制。比如游客给予了导游少量的小费或是给予了导游高度的赞扬,导游们普遍认为不应该再强推购物,并且应当为该游客提供更加优质的服务。

三、不同认知所带来的结果分析

布劳认为"社会交换是居于外在收益的纯粹计算和内在情感的纯粹表达之间的中间情况,它与严格的经济交换不同,因为社会交换没有明确指明的义务发生在其中"。布劳在分析社会交换与经济交换之间的不同之处时认为社会交换在重要的方面不同于严格的经济交换。基本的和最关键的区别是,社会交换引起了未加规定的义务。[①] 社会交换涉及的是这样的原则,一个人帮了另一个人的忙,尽管存在对某种未来回报的一般期望,但其确切性质并没有在事前有明确规定。这种未做规定的义务的特殊意义,由马林诺夫斯基所讨论过的库拉交换中所采取的制度化形式做了清楚的说明:

隐含在实际交换规则中的基础原则是,库拉存在于一种仪式性的礼物赠予之中,该礼物一定要用一份等值的对应礼物在一段时间之后偿还……但它从不可以用我们正在讨论的两件物品之间的等值物进行传递交换,也从不进行讨价还价和计算……第二个非常重要的原则是,对应礼物的等值物被交给赠予物赠予的物品不是等值的,接受者将会失望和生气,但是他没有任何直接的纠正手

---

① 这对于一个雇佣合同或对专业服务的购买来说并不完全正确,因为雇员或专业人员不得不完成的服务并没有事先做出详细规定。一般来说,涉及服务的经济交易比商品或服务产品的纯粹经济交换更接近于社会交换。转引自〔美〕彼得·布劳:《社会生活中的交换与权力》,孙非、张黎勤译,北京:华夏出版社,1998年,第51页。

段,也没有强制他的伙伴的手段……①

　　社会交换,不管它是否以这种仪式化的形式出现,都包含着带来各种未来义务的恩惠,不是加以精确规定的义务。尽管导游对回报的性质不能加以讨价还价,而是必须留给游客自己做决定。当一个人请别人吃了一顿晚餐,他就期望他的客人在将来某个时候做出回报。尽管导游不能要求游客回报的形式,但是他确实存在回报这样的期望。当导游为游客尽心尽力服务了,期望游客能表示某种感谢,但是他既不能就如何回报的问题与对方讨价还价,也不能完全强迫他做出回报。

　　乔治·齐美尔认为人们之间的所有接触(contacts)依赖于给予和回报等值这一模式。我们表示感激是一种社会报酬,它会使帮忙的人感到愉快,特别是如果我们公开表示我们的感谢和感激有助于建立一个人作为慷慨的和有能力的助人者的声誉时。此外,一个善行还能引起另外一个善行。当导游为游客提供了优质的服务,游客热情地表示了感谢,导游会觉得非常愉快,并且对该游客没有发生的购物消费行为并不那么介意。一般来说,如果我们受到了恩惠、帮助而对一个伙伴充满感激和感谢,那么我们将会试图通过为他做些事情以报答他的好意,因为他不顾某种麻烦为我们提供了好处。他反过来可能会对此加以报答,由此而来的恩惠的相互交换常常在没有明确意图的情况下加强着我们之间的社会纽带。②所以当旅游任务已经结束,尽管游客已经返回客源地,因为彼此之间的交往,很多导游与游客能够成为朋友。

　　人们被期望从别人那里得到并且一般来说确实也从别人那里得到了回报所激励的自愿行动指的是社会交换。导游期望从游客那里得到他们购物返还的回扣或是游客给予的赞誉及小费等,而且导游的先辈们以及导游的历史经验也告诉他们,你可以期待这样的回报。怀着这样的期望来与游客交往,通过各种方式来尽可能地了解游客,与游客靠近,用他们更能接受的方式为他们提供满意的服务。这样的一场社会交换包含了未加规定的义务,这些义务的履行取决于对对方的信任,因为回报不可能在没有一种约束性契约的情况下得以实施。所以导游在提供导游讲解服务的过程中,会用各种小例子小故

---

① 〔英〕马林诺夫斯基,前引《西太平洋的航海者》,第95—96页。转引自〔美〕彼得·布劳:《社会生活中的交换与权力》,孙非、张黎勤译,北京:华夏出版社,1998年,第51页。

② 〔美〕彼得·布劳:《社会生活中的交换与权力》,孙非、张黎勤译,北京:华夏出版社,1998年版,第51页。

事来树立游客高素质的形象,而很多游客也不想让导游对自身失望,就会通过回应、购物等方式来使得自己符合导游给予的这份信任。

布劳把社会交换界定为"当别人做出报答性反应就发生、当别人不再做出报答性反应就停止的行动"①。如果游客对未加规定的义务没有任何表示,并且还对导游进行人格上的侮辱,使得导游对游客的信任崩溃。由于,我国历来没有给小费的传统,所以游客普遍缺乏小费意识,且在传统文化的利他价值取向的影响下,游客觉得已经付过了团费,不论导游提供多好的服务都是应该的,如果导游的态度不够热情,游客甚至会觉得导游不够格,对导游恶语相向。在这样的情况下,导游就很难接受了。如果游客已经接受了导游的服务,导游是希望游客会表达他的感激并在有机会时加以回报。如果游客没有表示感激,也没有做出任何回报的行为,导游就会把他看成是一个忘恩负义、不值得帮助、无须善待的人,那么游客就不可能指望导游会花费更多时间和精力提供热情的服务。

每个个体的行动都依赖于另一个人的行动。②在简单社会中,不信任就等于敌视;而在我们社会的经济关系中,不信任是预料中的事,特别对于导游这个行业。由于新闻媒体等带来的负面舆论导向,使得游客与导游之间普遍存在着一种不为信任的关系。为了改善这样的关系,导游会通过给予馈赠或提供帮助等方式来表示友好,游客普遍会表示愉悦的接受,一旦游客对这种主动表示拒绝,即不论导游提供的服务是如何优质,导游你都别期望我给你小费或者让我为你购物。甚至对导游的好意大声表示质疑,那么对于导游来说就是一种侮辱。如果游客更进一步恶语相向,那么导游可能用骂人、甩团等方式来发泄他们的愤怒、挫折和被侵犯的感情,有些甚至会产生程度更深的报复愿望。

---

① 〔美〕彼得·布劳:《社会生活中的交换与权力》,孙非、张黎勤译,北京:华夏出版社,1998年版,第140页。
② 〔美〕彼得·布劳:《社会生活中的交换与权力》,孙非、张黎勤译,北京:华夏出版社,1998年版,第36页。

参考文献

一、著作类

1. 埃文思-普里查德:《努尔人:对尼罗河畔一个人群的生活方式和政治制度的描述》,褚建芳、阎书昌、赵旭东译,北京:华夏出版社,2002 年。

2. 彼得·布劳:《社会生活中的交换与权力》,孙非、张黎勤译,北京:华夏出版社,1998 年。

3. 弗朗兹·博厄斯:《人类学与现代生活》,刘莎、谭晓勤、张卓宏译,北京:华夏出版社,1999 年。

4. 格拉本·纳尔逊:《人类学与旅游时代》,赵红梅等译,桂林:广州师范大学出版社,2009 年。

5. 何玉荣:《体验旅游时代导游服务模式》,合肥:合肥工业大学出版社,2008 年。

6. 科恩·埃里克:《旅游社会学纵论》,巫宁等译,天津:南开大学出版社,2007 年。

7. 拉德克利夫·布朗:《社会人类学方法》,夏建中译,北京:华夏出版社,2002 年。

8. 李学林:《社会转型与中国弱势群体》,成都:西南交通大学出版社,2005 年版。

9. 林耀华:《金翼:中国家族制度的社会学研究》,庄孔韶、林余成译,北京:生活·读书·新知三联书店,1989 年。

10. 露丝·本尼迪克特:《文化模式》,王炜等译,三联书店,1988 年。

11. 罗伯特·莱顿:《他者的眼光——人类学理论入门》,蒙养山人译,北京:华夏出版社,2005 年。

12. 马康耐:《旅游者休闲阶层新论》,张晓萍等译,桂林:广州师范大学出版社,2008 年。

14. 马凌诺夫斯基:《西太平洋的航海者》,梁永柱、李绍明译,北京:华夏出版社,2002 年。

15. 玛格丽特·米德：《萨摩亚人的成年——为西方文明所作的原始人类的青年心理研究》，周晓虹、李姚军译，杭州：浙江人民出版社，2008 年。

16. 欧文·戈夫曼：《日常生活中的自我呈现》，冯刚译，北京：北京大学出版社，2008 年版。

17. 潘盛之：《旅游民族学》，贵阳：贵州民族出版社，1997 年。

18. 彭兆荣：《旅游人类学》，北京：民族出版社，2004 年。

19. 乔治·E.马尔库斯、米开尔·M.J 费彻尔：《作为文化批评的人类学：一个人文学科的实验时代》，王铭铭、蓝达居译，北京：三联书店，1998 年。

20. 史艳兰：《从物的消费到符，号的消费——石林景区导游词的象征分析》，《全球化背景下的云南文化多样性》，昆明：云南人民出版社，2010 年。

21. 孙立平：《断裂社会的利益冲突与和谐》，北京：社会科学文献出版社，2006 年。

22. 陶汉军、黄松山：《导游服务学概论》，北京：中国旅游出版社，2003 年。

23. 瓦伦·L.史密斯：《东道主与游客——旅游人类学研究》，张晓萍、何昌译等译，昆明：云南大学出版社，2007 年。

24. 王铭铭：《社会人类学与中国研究》，北京：生活·读书·新知三联书店，1997 年。

25. 王思斌：《社会工作导论》，北京：北京大学出版社，1998 年。

26. 郗敬民：《一个导游的良心忏悔：叫我如何不宰你？》，石家庄：花山文艺出版社，2006 年。

27. 阎云祥：《礼物的流动：一个中国村庄中的互惠原则与社会网络》，李放春、刘瑜译，上海：上海人民出版社，2000 年。

28. 阎云翔：《私人生活的变革：一个中国村庄里的爱情、家庭与亲密关系1949—1999》，龚小夏译，上海：上海书店出版社，2006 年。

29. 杨丽：《试论旅游活动中的人际传播》，河北：河北大学出版社，2006 年。

30. 杨宜勇：《公平与效率——当代中国的收入分配问题》，北京：今日中国出版社，1997 年。

31. 杨正喜：《中国珠三角劳资冲突问题研究：农民工视角下的一种阐释》，西安：西北大学出版社，2008 年。

32. 詹姆斯·C.斯科特：《弱者的武器》，程立显等译，南京：译林出版社，2007 年版。

33. 张敏杰：《中国弱势群体研究》，长春：长春出版社，2003 年。

34. 张晓萍、杨慧、赵红梅：《民族旅游的人类学透视》，昆明：云南大学出版社，

2009 年。

35. 张晓萍：《旅游人类学》，天津：南开大学出版社，2008 年。

36. 庄孔韶：《银翅：中国的地方社会与文化变迁》，北京：生活·读书·新知三联书店，1997 年。

二、期刊类

1. 安刚强：《导游回扣问题研究》，《西北师范大学学报》2007 年第 9 期。

2. 蔡家成：《我国导游管理体制研究之四：导游分类》，《中国旅游报》2009 年 11 月 30 日。

3. 蔡家成：《我国导游管理体制研究之五：导游薪酬》，《中国旅游报》2009 年 12 月 30 日。

4. 陈乾康：《导游人员生存状态研究》，《桂林旅游高等专科学校学报》2006 年 5 月。

5. 陈先兵：《维权话语与抗争逻辑———中国农村群体性抗争事件研究的回顾与思考》，《北京化工大学学报(社会科学版)》2010 年第 1 期。

6. 邓明艳：《论西部旅游资源保护中导游的作用》，《人口与经济》2001 年第 10 期。

7. 冯耀云：《斯科特抗争理论国内研究及启示》，《湖北社会科学》2012 年 11 期。

8. 符平：《漂泊与抗争：青年农民工的生存境遇》，《调研世界》2006 年第 9 期。

9. 甘满堂：《工荒：高离职率与无声的抗争对当前农民工群体阶级意识的考察》，《中国农业大学学报(社会科学版)》2010 年第 11 期。

10. 宫斐：《中西小费差异的文化对比探究》，《桂林旅游高等专科学校学报》2007 年第 12 期。

11. 何宏光：《来自底层的反抗：东南亚农民研究的三个关键词》，《东南亚研究》2008 年第 1 期。

12. 何建民：《上海春秋旅行社导游管理经验的调查报告 (上)》，《中国旅游报》2006 年 6 月。

13. 何丽芳：《浅谈"文化型"导游及其风格的形成》，《科技情报开发与经济》2004 年第 9 期。

14. 胡荣:《弱者的有限抗争——福建西村征地中的农民抗争个案研究》,硕士学位论文,厦门大学,2007年。

15. 胡婷婷:《导游研究综述》,《时代人物》2008年第8期。

16. 胡婷婷:《民族旅游区导游的民族文化传播研究—以湖南凤凰县为例》,《中南民族大学学报》2009年第5期。

17. 华正新:《"结构力量"与私营企业技术工人的日常抗争》,硕士学位论文,华东师范大学,2009年。

18. 黄俊武、李飞:《导游薪酬问题的产生根源及其治理措施》,《旅游经济》2007年第6期。

19. 黄雪丽:《我国导游服务质量的现状分析与对策研究》,《市场调研》2006年第11期。

20. 贾跃千:《零团费及其治理研究》,硕士论文,山东师范大学,2005年。

21. 孔卫拿:《当代中国农民抗争性表达行动结果的阐释——基于四例农村抗争事件的比较分析》,硕士学位论文,西南政法大学,2011年。

22. 雷引周:《浅议我国导游的薪酬制度》,《太原大学学报》2006年第3期。

23. 李佳琳:《城市中的摊贩—以上海市规划外存在的柔性抗争E高校周边小贩为例》,硕士学位论文,华东师范大学,2010年。

24. 李萌、何春萍:《论导游在旅游地形象建设中的作用》,《国际商务研究》2002年第2期。

25. 李向军:《风险社会视角下失地农民的困境及抗争问题研究》,硕士学位论文,华中师范大学,2008年。

26. 李小佳:《我国旅游业导游薪酬研究与设计》,硕士学位论文,北京交通大学,2009年。

27. 练伟:《日常抗争与权力运作:G镇被拆迁农民与政府的策略互动》,硕士学位论文,浙江工商大学,2011年。

28. 林允情:《城市重大工程引发的社会抗争事件研究》,博士学位论文,复旦大学,2011年。

29. 刘晖:《导游服务质量问题的根源分析与对策研究-基于利益相关者理论和游客感知视角》,《旅游学刊》2009年第1期。

30. 刘蓬春:《论导游服务与导游报酬》,《西南民族学院学报》2002年第12期。

31. 刘辛田:《我国导游的职业定位和薪金制度分析》,《开封大学学报》2005 年第 3 期。

32. 刘勇:《国内旅游实行导游小费制势在必行》,《职校论坛》2010 年第 11 期。

33. 刘宇舸:《中小旅行社的薪酬体系对其发展的影响》,《现代管理科学》2002 年第 7 期。

34. 毛小平:《利益受损大学生的利益抗争行为研究——大学生打架斗殴现象解析》,《宜宾学院学报》2009 年第 11 期。

35. 欧臻:《浅议我国导游人员薪酬体制的改革》,《桂林旅游高等专科学校学报》2004 年第 4 期。

36. 史艳兰:《云南石林景点导游作为景观的旅游建构》,《旅游学刊》2012 年第 7 期。

37. 孙培军:《当前中国社会抗争研究:基于抗争性质、动因与治理的分析》,《社会科学》2011 年第 2 期。

38. 王镜、马耀峰:《提高导游服务质量的新视角-兼论我国导游管理和研究 20 年》,《旅游学刊》2007 年第 3 期

39. 王思尹:《"怕死哭生":城市底层群体的日常抗争逻辑》,硕士学位论文,南京大学,2012 年。

40. 王彦:《导游员职业自我效能感和职业倦怠感研究—以郑汴洛地区为中心》,硕士学位论文,河南大学,2010 年。

41. 吴书锋:《导游的生存环境分析》,《江西财经大学学报》2007 年第 5 期。

42. 吴新慧:《风险社会:农村环境受损群体及其抗争行为分析》,《杭州电子科技大学学报(社科版)》2009 年第 3 期。

43. 席瑶:《我国导游角色扮演问题及原因剖析》,大连:东北财经大学,2010 年。

44. 夏赞才:《主客关系新探:21 世纪旅游问题》述评,《旅游学刊》2005 年第 3 期。

45. 肖芸:《论旅游与跨文化交流》,硕士学位论文,四川师范大学,2005 年。

46. 谢婧:《弱者的有限抗争—福建西村征地中的农民抗争个案的研究》,硕士学位论文,厦门大学,2007 年。

47. 谢礼珊、李健仪:《导游服务质量、游客信任感与游客行为意向关系研究》,《旅游科学》2007 年第 8 期。

48. 熊伯坚等:《建立合理导游薪酬制度的思考》,《中国民营科技与经济》2006 年第 3 期。

49. 许青霞:《<康熙来了>中的拟剧理论分析》,《华中人文论丛》2011 年第 6 期。

50. 杨丽娟:《导游:旅游人类学的缺场》,《思想战线》2011 年第 5 期。

51. 杨美霞:《浅议中国导游薪金管理制度改革》,《经济与管理》2005 年第 10 期。

52. 于建原,李永强:《我国服务行业实行"小费制"的可行性分析》,《价格理论与实践》2004 年第 11 期。

53. 袁秋霞:《我国导游生存危机及对策分析》,《探索前沿》2005 年 9 月。

54. 袁亚忠,陈辉:《导游高流失率危机、原因、对策研究》,《宁波职业技术学院学报》2007 年第 2 期。

55. 袁银枝:《导游"导购"问题的分析与破解》,《贵州商业高等专科学校学报》2007 年第 6 期。

56. 张建融:《导游服务标准化现状、问题和对策》,《浙江学刊》2008 年第 4 期。

57. 张梅:《关于导游人员文化传播偏离的分析》,《漳州师范学院学报》2004 年第 2 期。

58. 张钊:《城市改造中的草根抗争研究:以 N 市老城南改造为例》,硕士学位论文,南京理工大学,2012 年。

59. 钟年:《传统社会中的妇女抗争》,《光明日报》2000 年 11 月 30 日。

60. 周燕凌:《基于人力资源开发的导游人员创新管理》,《桂林旅游高等专科学校学报》2006 第 3 期。

61. 张红娟:《导游职业倦怠成因及其对策探讨》,硕士学位论文,华中师范大学,2008 年。

62. 张立勇:《导游员在旅游活动中的地位和作用》, 硕士学位论文, 河北大学,2006 年。

63. 陆佳:《旅游目的地的跨文化交流与可持续发展》,硕士学位论文,浙江大学,2006 年。

后　记

《导游的无奈与无奈的导游》付梓在即，有一些感激的话要说。特别感谢本书参考文献中的大量引文的作者，他们的前期工作为本书的完成奠定了学术基础。

由衷感谢我的导师——徐杰舜教授。没有导师的严格要求、鼓励与指导，我不可能完成此书的编写；没有老师给予的支持与帮助，此书也不可能面世。始终难忘老师您那恨铁不成钢的眼神、始终难忘自己对老师您那又爱又怕、复杂而又真实的感情。亲爱的师父，徒儿让您操心了！对不起，还有谢谢您！

感谢广西民族大学民族学与社会学学院的吴国富老师、吕俊彪老师，你们严谨认真的治学态度、诲人不倦的精神、丰富渊博的学识、对学术执著的追求，让我深深敬佩！同时感谢您们对我的诸多指导！

感谢此书主要的访谈对象—我的好友H，感谢你九年如一日的支持，感谢你待我如好友似亲人，因为你，大理是故乡！同时感谢在我此次调查中给我提供帮助的所有人！感谢陈明君同学和谢林轩同学在此书写作时给予的多多灵感！同时感谢我的闺蜜——可爱的董静婷小姐和美丽的小丽姑娘，感谢我所有的大学好友、研究生好友，因为你们，我很幸福！

最后,我要感谢我深爱的家人,感谢我的爸爸妈妈,感谢"就算砸锅卖铁也要供我读书"这份无比坚持的爱! 感谢我的婆婆、公公、哥哥、嫂嫂、姐姐、姐夫以及我可爱的侄子(冬冬、鲲鲲、鹏鹏)与小外甥(佳佳和睿睿),谢谢你们对我的爱,我很爱你们! 感谢我的爱人赵文军先生,感谢上苍让我遇见如此美好的你并成为你的妻子,感恩天赐的缘分,感激数年的坚守。祝愿我所有的师长、家人、朋友和同学:工作顺利,生活幸福! 我的世界,因为有了你们充满着幸福味道,谢谢!

罗　娟
2015 年 8 月 5 日于北京市朝阳区